DESPIERTA, es tu turno de cambiar al mundo.   www.llamadoaléxito.com

DESPIERTA
ES TU TURNO DE CAMBIAR AL MUNDO
¡Te hablo a ti emprendedor!

DESPIERTA, es tu turno de cambiar al mundo.   www.llamadoaléxito.com

PRÓLOGO

Si tienes este libro en tus manos, déjame decirte algo: **no es casualidad**. No es una coincidencia que estés aquí, leyendo estas palabras. Si hay algo que he aprendido en mi camino como emprendedor, es que la vida nos pone enfrente exactamente lo que necesitamos en el momento preciso. Y si este libro llegó a ti, es porque **tienes una misión más grande de la que imaginas**.

Ahora dime, **¿cuántas veces has sentido que tienes todo el potencial del mundo, pero algo te frena?** Esa sensación de que podrías estar logrando mucho más, pero entre la rutina, las dudas y las excusas, te sigues quedando en el mismo lugar. A mí también me pasó. Y déjame ser brutalmente honesto contigo: **no hay peor sensación que saber que eres capaz de más y no hacer nada al respecto**.

Este libro no es un manual de teoría aburrida, ni un listado de consejos que leerás para luego olvidarlos. **Es un reto.** Es un desafío directo a ti, a la persona que hoy eres, para que te conviertas en la persona que debes ser. No escribí estas páginas para que te sientas bien momentáneamente, sino para que **salgas a construir el éxito que mereces.**

Por qué deberías leer este libro?

Porque el mundo **necesita** emprendedores como tú. Porque la sociedad necesita personas que se atrevan a **cambiar las reglas del juego**, a desafiar lo establecido, a crear negocios que impacten vidas y generen abundancia. Porque no se trata solo de dinero (aunque eso también vendrá), sino de **liderazgo, visión y legado.**

Si crees que el emprendimiento es solo vender más o construir un negocio, estás viendo una parte muy pequeña del cuadro. **Emprender es un camino de transformación**

personal. No se trata solo de facturar, sino de crecer como persona, de desarrollar la mentalidad de alguien que no solo quiere éxito, sino que está dispuesto a hacer lo que sea necesario para conseguirlo.

Aquí encontrarás herramientas, estrategias y verdades que muchos empresarios no se atreven a decirte. Hablaremos de **ventas, liderazgo, mentalidad, dinero y estructuras empresariales**, pero lo haremos sin filtros, sin rodeos y con un solo objetivo: **llevarte al siguiente nivel.**

Este libro no es para cualquiera. Es para los que están **hartos de excusas**, para los que están listos para **actuar**, para los que entienden que el tiempo es su recurso más valioso y no están dispuestos a seguir desperdiciándolo.

¿Estás listo?

Si decides leerlo, quiero que hagas una promesa. **No lo leas solo por leerlo.** Léelo con la intención de aplicarlo, de poner en práctica cada idea, cada estrategia, cada desafío que te propongo. Porque al final, **no se trata de cuántos libros leas, sino de cuánto estás dispuesto a hacer con lo que aprendes.**

El mundo cuenta contigo. **Te hablo a ti, emprendedor.** Es hora de demostrar de qué estás hecho.

Martin Farias Villarreal.

DESPIERTA, es tu turno de cambiar al mundo.   www.llamadoaléxito.com

AGRADECIMIENTOS

- *Muy principalmente a Dios por darme el aliento, la motivación y la sabiduría para escribir este libro.*

- A mi esposa Tinna que siempre es el apoyo perfecto, la fuente viva del amor en mi vida.

- A mis hijos: Martin, Lucy, Gerardo, Ernesto y Sara que siempre me llenan de orgullo y me alientan a seguir adelante.

- A mis padres por su amor y su formación.

- A todos mis clientes, proveedores y compañeros por creer en mis proyectos y ser parte indispensable del éxito.

BIBLIOGRAFÍA

El Lic Martin Farias Villarreal es ingeniero mecánico de perfil, contador público y licenciado en administrador de empresas de profesión con un diplomado en alta dirección de empresas e innovación y tecnología en el IPADE. Emprendedor por convicción con amplia experiencia en creación y desarrollo de empresas tanto tradicionales como virtuales. Conferencista, motivador y gusto por ayudar a los demás.

DESPIERTA, es tu turno de cambiar al mundo.   www.llamadoaléxito.com

INDICE
Pagina:

CAPÍTULO 1: DATOS PARA CALENTAR LA MAQUINA   9
1.1 Datos estadísticos de la participación de las pequeñas empresas en la economía global.
1.2 Su impacto en la generación de empleos.
1.3 El efecto multiplicador
1.4 Economía circular.
1.5 Su valiosa aportación a la economía.
1.6 Retos ante los grandes competidores
1.7 Otros retos que enfrenta la pequeña empresa.
1.8 La capacidad de resiliencia.
1.9 La pequeña empresa, VALE.

CAPITULO 2: TU PASION, LA FUERZA QUE MUEVE AL MUNDO.
33
2.1 ¿Qué es un emprendedor?
2.2 ¿Quieres empezar y no sabes cómo?
2.3 Las ventajas de ser un pequeño empresario.
2.4 Mitos y creencias del emprendimiento.
2.5 Los errores más comunes de los emprendedores.
2.6 El impacto emocional de ser emprendedor.
2.7 Reconoce tu valor y sigue adelante.
2.8 Test del Perfil Emprendedor.

CAPITULO 3: APERTURA AL CAMBIO.   59
3.1 La necesidad del cambio: Rompiendo con la rutina.
3.2 Mentalidad empresarial: Construyendo una base sólida.
3.3 Metas, hábitos, calidad y coherencia: La base de tu proyecto.
3.4: Reflexionar sobre la dura autocritica y cómo manejarla.
3.5 Elevando tus expectativas y tu potencial como empresario.
3.6 Consejos sobre gestión del tiempo.
3.7 Reflexión final.

3.8 Diagnóstico Empresarial para Micro y Pequeñas Empresas.

CAPITULO 4: TU TIMON DEL CRECIMIENTO. 85
4.1 La responsabilidad de marketing.
4.2 Conoce bien a tu cliente.
4.3 Define a tu cliente idóneo.
4.4 Precio bajo vs experiencia emocional del cliente.
4.5 Propuesta única de valor: Tu diferencia competitiva.
4.6 Conoce tu competencia: Aprende del juego para ganar.
4.7 Herramientas para impulsar tus ventas: Promoción.
4.8 Innovación: Lo que mantiene tu negocio vivo.

CAPITULO 5: SI YA TENEMOS TIMON, NOS FALTA EL MOTOR. 111
5.1 La función de la fuerza de ventas.
5.2 El vendedor: ¿Nace o se hace?
5.3 La persuasión.
5.4 Manejo de objeciones.
5.5 Cierre de ventas.
5.6 Seguimiento en el servicio de ventas.
5.7 Forma de pago.
5.8 La cobranza.

CAPITULO 6: CONTROL. 135
6.1 ¿Qué es el control?
6.2 Tipos prácticos de control.
6.3 Contabilidad: La brújula que guía tu negocio.
6.4 Finanzas e información.
6.5 Control de gastos: El monstruo de mil cabezas.

CAPITULO 7: EL PODER DE LA ESTRUCTURA. 153
Introducción.
7.1: Estructura de las Empresas.
7.2: Empresas Familiares.
7.3: Socios.
7.4: Niveles de Empresas Según Su Madures.
Conclusión.

CAPITULO 8: LIDERAZGO.   175
Introducción.
8.1 Liderazgo Organizacional.
8.2 Delegar.
8.3 Trabajo en equipo.
8.4 Resistencia al cambio.
8.5 Comunicación.
8.6 Relaciones con empleados.
8.7 Sugerencia: Usar el Test DISC.
Conclusión.

CAPITULO 9: PARA LAS EMPRESAS NO TAN PEQUEÑAS.   203
Introducción.
9.1 Los riesgos de una empresa al crecer sin orden.
9.2 Orden y Control.
9.3 Finanzas.
9.4 Valores y Cultura Organizacional.
9.5 Cuidado del Flujo de Efectivo.
9.6 El Reto de la Sucesión.
9.7 FODA.
Conclusión.

CAPITULO 10: TU GRAN LEGADO.   231
Introducción.
10.1 El Gran Legado del Empresario.
10.2 La Dimensión del Éxito.
10.3 ¡Se Vale Soñar!

DESPIERTA, es tu turno de cambiar al mundo.   www.llamadoaléxito.com

CAPITULO 1: DATOS PARA CALENTAR LA MAQUINA.

1.1 Datos estadísticos de la participación de las pequeñas empresas en la economía global

¿Alguna vez te has preguntado qué tan importantes son las pequeñas empresas en el mundo? Tal vez, mientras trabajas día a día en tu negocio, no te das cuenta del impacto monumental que estás generando. **Te lo voy a decir sin rodeos: las pequeñas empresas son las protagonistas silenciosas de la economía global.** Las llamadas Mipymes (micros, pequeñas y medianas empresas) tienen todo menos ser pequeñas, pues en su conjunto son muy importantes.

Un vistazo al panorama global

Primero, hablemos de números. Más del 90% de las empresas en el mundo son pequeñas. Sí, lo leíste bien, ¡90%! Esto significa que cada vez que alguien decide abrir una panadería, un taller mecánico, o una tienda en línea, está uniéndose a una red masiva de emprendedores que sostienen las economías de sus países. En México el 99.8% de las empresas son Mipymes, ¡Casi todas!

En muchas naciones, las pequeñas empresas generan entre el 50% y el 60% del Producto Interno Bruto (PIB). Por ejemplo, en América Latina, las Mipymes representan el 99% de las empresas y generan más del 60% del empleo formal. En Europa, la historia no es muy diferente: el 85% de los nuevos empleos en los últimos cinco años provinieron de ellas. **¿Te das cuenta del tamaño de esta contribución? Tú no eres solo una pieza pequeña del engranaje; eres el motor que mueve la economía.**

DESPIERTA, es tu turno de cambiar al mundo. www.llamadoaléxito.com

La diferencia entre sobrevivir y prosperar

Las grandes empresas tienen recursos, capital y acceso a mercados globales, pero las pequeñas empresas tienen algo que las hace únicas: **están cerca de las personas, conocen las necesidades reales de sus comunidades y tienen la agilidad para adaptarse rápidamente.** Estas cualidades son las que hacen que tu negocio tenga un impacto tan poderoso, incluso si no siempre lo notas.

Por ejemplo, en países como India, las micro y pequeñas empresas generan más del 30% de las exportaciones. Esto no solo contribuye a la economía nacional, sino que también posiciona a estas empresas como actores clave en el comercio internacional. Y lo mejor de todo es que muchas de estas empresas comenzaron con recursos limitados, pero con una visión clara y una determinación imparable. ¿Cómo ves? Si ellos pueden nosotros también, pero tenemos que cambiar nuestro chip de pensamiento y abrirnos a la idea de que no solo los grandes pueden exportar o vender productos de valor agregado, estamos en una región con países hambrientos de cosas nuevas y mejores experiencias.

Como Sara, que a pesar de sus dudas decidió abrir una tienda de productos locales, desde el principio; aunque sabía que no sería fácil prosperar; se propuso que llegaría lejos con su proyecto, empezó a generar sus primeras ventas y en la medida que pudo, se apoyó de sus proveedores y logro prepara un mejor producto. Lo que comenzó como un pequeño negocio pronto se convirtió en una fuente de ingresos para más de 20 familias. Hoy, Sara no solo genera empleo, sino que también impulsa la economía local, conecta a los productores con los consumidores y, sobre todo, crea un impacto positivo en su comunidad. Si Sara no se hubiera abierto a la posibilidad de crecer, difícilmente hubiera prosperado, crecer es difícil, pero si no lo contemplas mentalmente, es prácticamente imposible. No importa si tienes una tiendita, una barbería o hacer reparaciones de cualquier cosa, el mercado está ahí y ¡**El mundo te necesita!**

Martin Farias Villarreal

DESPIERTA, es tu turno de cambiar al mundo.   www.llamadoaléxito.com

Historias como la de Sara se repiten en todo el mundo. Desde startups tecnológicas en Silicon Valley hasta pequeñas tiendas en las calles de Bogotá, las pequeñas empresas están transformando vidas, una decisión a la vez. **Y tú también tienes esa capacidad, empieza a creerlo.**

El impacto que no se mide con números

Más allá de los datos, las pequeñas empresas son el corazón de nuestras comunidades. Son esos negocios que conocen tu nombre, que te hacen sentir como en casa y que siempre están ahí cuando los necesitas. **No solo son económicas; son humanas.**

Cuando eliges emprender, estás haciendo algo mucho más grande de lo que imaginas. Estás contribuyendo a la diversidad económica, fomentando la competencia y promoviendo la innovación. Estás dando empleo, oportunidades y esperanza a quienes te rodean. Y eso, querido empresario, no tiene precio.

El llamado a la acción

Quiero que pienses en esto: Cada vez que abres las puertas de tu negocio, estás marcando una diferencia. No importa cuán grande o pequeño creas que es tu impacto; lo que haces importa, y mucho. **El mundo necesita más empresarios como tú, dispuestos a luchar por sus sueños y a transformar la realidad con su esfuerzo.**

Así que, la próxima vez que sientas que tu esfuerzo no vale la pena, recuerda esto: estás siendo parte de algo mucho más grande que tú mismo. **Estás construyendo futuro, estás dejando huella.**

Reflexión: Las pequeñas empresas no son solo una parte del sistema económico; **son el sistema.** Tú formas parte de una red global de personas valientes que, con cada decisión, están escribiendo la historia económica del mundo. **Nunca subestimes el poder de lo que haces. ¡El mundo cuenta contigo!**

1.2 Su impacto en la generación de empleos.

¿Sabías que las pequeñas empresas son responsables de generar más del 60% de los empleos formales en todo el mundo? ¡Sí, leíste bien! Cada vez que un emprendedor decide abrir su negocio, no solo está construyendo su futuro, está creando oportunidades para otros. **Esto no es solo economía, es impacto humano puro.**

Un motor global de oportunidades

Las pequeñas empresas son el alma del empleo en nuestras comunidades. En países como Estados Unidos, las Mipymes generan casi el 70% de los nuevos empleos cada año. En América Latina, representan el 67% del empleo formal, y en Europa, alcanzan un asombroso 85% en algunos sectores. Pero no son solo números; cada uno de estos empleos tiene una historia, una familia y un sueño detrás.

Pensemos en esto por un momento: cuando decides contratar a alguien, no solo le estás dando un salario. Estás brindándole seguridad, estabilidad y una oportunidad para crecer. Ese empleado usa su ingreso para pagar sus cuentas, enviar a sus hijos a la escuela y mejorar su calidad de vida. **Como empresario, tú tienes el poder de transformar vidas a través de cada empleo que generas.**

Diversidad de oportunidades: Incluyendo a todos

DESPIERTA, es tu turno de cambiar al mundo.   www.llamadoaléxito.com

Las pequeñas empresas también destacan por su capacidad de ofrecer oportunidades a quienes más lo necesitan. Jóvenes que buscan su primer empleo, mujeres que quieren reintegrarse al mercado laboral, personas de comunidades vulnerables... **las pequeñas empresas son la puerta de entrada para todos.**

En muchas ocasiones, los empresarios no solo ofrecen un empleo, sino también un espacio donde las personas se sienten valoradas y motivadas. Esta cercanía, típica de las pequeñas empresas, fomenta un entorno de trabajo humano, donde los empleados no son solo un número, sino parte de una familia laboral.

El impacto invisible pero poderoso

¿Te has detenido a pensar en cuántas familias dependen de ti como empresario? No solo tus empleados directos, sino también los proveedores, repartidores y otros actores de la cadena económica que tu negocio activa. Cada empleo que creas tiene un efecto multiplicador. Es como una piedra lanzada al agua: las ondas se expanden, tocando vidas que ni siquiera imaginas. Cuando veas de nuevo algún empleado tuyo o contrates a alguien nuevo, siente mucho orgullo, no solo estas resolviendo tu necesidad de sacar el trabajo adelante, estas llevando bienestar a un hogar.

Además, los empleados que trabajan en pequeñas empresas a menudo adquieren habilidades valiosas que pueden llevar consigo toda la vida. Desde aprender un oficio hasta desarrollar habilidades como la comunicación y el trabajo en equipo, cada día laboral es una oportunidad para crecer.

El desafío de mantener y motivar equipos

Martin Farias Villarreal

Claro, liderar un equipo no siempre es fácil sin una estructura formal, como pequeño empresario, probablemente te enfrentas al reto de mantener a tus empleados motivados, comprometidos y satisfechos. Pero aquí está el secreto: **Cuando lideras con empatía y propósito, inspiras lealtad y dedicación.**

Pequeñas acciones, como reconocer los logros individuales, ofrecer oportunidades de capacitación o simplemente escuchar a tu equipo, pueden marcar una gran diferencia. Recuerda que un empleado motivado no solo es más productivo, sino también más leal. Y esa lealtad es un activo invaluable para cualquier negocio. Probablemente tu contrataste un par de manos que hacían falta en tu negocio, pero déjame decirte que en el paquete viene pegada una persona, con emociones e ilusiones y, sobre todo, un cerebro que puede servir para llegar más lejos.

Reflexión: Generar empleo no es solo un acto económico; es un acto de liderazgo y responsabilidad social. Cada vez que contratas a alguien, estás cambiando su vida y contribuyendo al desarrollo de tu comunidad. **Tu negocio no es pequeño cuando se mide por el impacto que tiene en las vidas de otros.**

Así que sigue adelante, empresario. Cada oportunidad que creas, cada persona que contratas y cada vida que tocas es una prueba de que tu trabajo importa.

1.3 El efecto multiplicador.

¿Te has detenido a pensar en cuánto impacto tiene tu pequeña empresa en la economía, no solo de tu comunidad, sino de tu país? Cada peso que tu negocio genera, cada venta que concretas, no es solo un logro personal; es un aporte directo al engranaje económico de tu entorno. Esto no es una exageración, es la realidad. Las pequeñas empresas, como la tuya, son responsables de una parte significativa de los ingresos nacionales en todo el mundo. **Tu negocio, sin importar su tamaño, es una fuente de prosperidad para todos.**

Ernesto comenzó con un taller de carpintería que apenas cubría sus gastos. Hoy, su negocio produce muebles personalizados que han ganado reconocimiento en su región. Los ingresos de su taller han permitido que sus empleados envíen a sus hijos a la universidad. Para Ernesto, su éxito no se mide solo en números, sino en las vidas que ha transformado. **Su negocio genera mucho más que dinero; genera oportunidades.**

Reflexión: Los ingresos que genera tu pequeña empresa son mucho más que números en una hoja de cálculo. Son oportunidades, estabilidad y progreso para ti, tu equipo y tu comunidad. Cada venta que haces, cada cliente que confía en ti es un recordatorio de que estás construyendo algo mucho más grande que un negocio: **estás construyendo bienestar.**

Así que la próxima vez que dudes del impacto de tu trabajo, recuerda esto: **Cada peso que generas tiene el poder de cambiar vidas.** Sigue adelante con la certeza de que tu esfuerzo vale la pena.

1.4 Economía circular.

¿Alguna vez has pensado en cómo tu pequeña empresa contribuye al desarrollo y a un mundo más sostenible? Déjame decirte algo: cada acción que tomas como empresario tiene un impacto que va mucho más allá de las ventas. Tú eres parte esencial del tejido económico y social que mantiene a nuestras comunidades en movimiento.

Fomentando el desarrollo económico local

Cuando hablamos de desarrollo económico, no estamos refiriéndonos solo a grandes proyectos gubernamentales o inversiones extranjeras. El verdadero cambio comienza en lo local, y ahí es donde las pequeñas empresas como la tuya juegan un papel crucial. Cada vez que decides comprar productos de proveedores locales o contratar personal de tu comunidad, estás contribuyendo directamente al crecimiento económico de tu entorno.

Piensa en un mercado local lleno de pequeños comerciantes. Cada uno de ellos no solo genera ingresos para su familia, sino que también fortalece el ecosistema económico local. Los clientes que compran en ese mercado eligen calidad, cercanía y una experiencia auténtica que no se encuentra en grandes cadenas. Ese mercado, alimentado por pequeños negocios, se convierte en un motor de desarrollo comunitario.

La economía circular es más que un término de moda; es un modelo que muchas pequeñas empresas están adoptando para maximizar recursos y minimizar desperdicios. En lugar de seguir el ciclo tradicional de "usar y desechar," la economía circular busca mantener los recursos en uso durante el mayor tiempo posible. Y las pequeñas empresas están liderando esta revolución.

Por ejemplo, un taller de carpintería puede reutilizar maderas sobrantes para crear nuevos productos. Un restaurante local puede trabajar con granjas cercanas para reducir la huella de carbono asociada al transporte de alimentos. Estas prácticas no solo son buenas para el medio ambiente, sino que también generan un impacto económico positivo al reducir costos y fortalecer la colaboración local. Cada decisión sostenible que tomas refuerza tu conexión con la comunidad y con tus clientes.

DESPIERTA, es tu turno de cambiar al mundo.   www.llamadoaléxito.com

Historias de impacto: Desarrollo y sostenibilidad

Como Tinna, dueña de una tienda de productos orgánicos en una ciudad mediana. En lugar de abastecerse de grandes distribuidores, decidió trabajar directamente con agricultores locales. Esto no solo garantiza productos frescos para sus clientes, sino que también apoya a más de 15 familias que ahora tienen ingresos estables. Gracias a Tinna, la comunidad ha visto un aumento en la producción agrícola local y un fortalecimiento de los lazos entre productores y consumidores.

O como Gerardo, dueño de una imprenta, implementó un programa de reciclaje en su negocio. Comenzó a recolectar papel usado de sus clientes y lo transformó en productos de papelería ecológicos. Ahora, no solo ha reducido los costos operativos, sino que también ha generado conciencia ambiental entre sus clientes. Gerardo no solo imprime; inspira.

La conexión entre desarrollo y comunidad

Cada vez que eliges trabajar con proveedores locales, estás diciendo: "Creo en mi comunidad y quiero verla crecer." Cada vez que contratas a alguien de tu vecindario, estás invirtiendo en el futuro de tu entorno. **Tu negocio es una herramienta poderosa para construir un mundo más justo y equitativo.**

No subestimes el impacto de estas acciones. Cada decisión que tomas como empresario contribuye a un ecosistema más resiliente y sostenible. Y lo mejor de todo es que tus clientes lo notan. Hoy más que nunca, las personas buscan marcas que representen algo más grande que solo ganancias. Cuando tu negocio refleja valores como sostenibilidad y desarrollo comunitario, te estás diferenciando en un mercado competitivo.

Reflexión: Tu pequeña empresa es mucho más que un lugar donde se venden productos o servicios. Es un pilar de desarrollo, un ejemplo de sostenibilidad y un motor de cambio positivo. Cada decisión que tomas tiene el poder de transformar vidas y construir un futuro mejor para todos.

Quiero que te lleves esto contigo: **el impacto que estás generando no tiene comparación.** No importa cuán pequeño creas que es tu negocio, estás marcando una diferencia real en el mundo. Sigue adelante con la certeza de que cada acción cuenta. ¡El mundo necesita más empresarios como tú!

1.5 Su valiosa aportación a la economía.

¿Qué sería del mundo sin las pequeñas empresas? Es una pregunta que merece reflexión, porque la respuesta es clara: sería un mundo menos humano, menos resiliente y mucho menos dinámico. Las pequeñas empresas no solo son importantes; son indispensables.

Dato duro: Sin las Mipymes, las economías globales de plano se mueren.

innovación básica

Las grandes corporaciones tienen su lugar, pero no ofrecen lo que las pequeñas empresas pueden: cercanía, autenticidad y la capacidad de adaptarse rápidamente a las necesidades cambiantes del mercado. **Tú, como empresario, tienes la capacidad de impactar vidas de una manera única.**

La innovación nace desde lo pequeño

Algunas de las ideas más revolucionarias no nacen en grandes salas de juntas, sino en pequeños talleres y oficinas improvisadas. La flexibilidad de las pequeñas empresas les permite experimentar, fallar y volver a intentar, algo que las grandes corporaciones rara vez pueden hacer con la misma rapidez. Esa capacidad de innovar y adaptarse es lo que hace a las pequeñas empresas tan valiosas.

Piensa en las startups tecnológicas que comienzan con un puñado de personas en un garaje y terminan transformando industrias enteras. O en el restaurante local que redefine el concepto de hospitalidad con un enfoque en la sostenibilidad. Estas historias nos recuerdan que, muchas veces, las grandes ideas no necesitan grandes recursos, sino una visión clara y el coraje para llevarla a cabo.

Historias de impacto que inspiran

Como Lucy con un pequeño negocio de artesanías en un pueblo pequeño. Lo que empezó como un pasatiempo pronto se convirtió en una fuente de ingresos para toda la comunidad. Lucy comenzó a trabajar con artesanos locales y apoyarlos para realizar cosas nuevas (innovación básica) ayudándoles a perfeccionar sus técnicas y conectándolos con mercados más grandes. Hoy, su negocio no solo es rentable, sino que también ha puesto en el mapa a su comunidad.

O como Jesus abrió un taller de bicicletas en un vecindario urbano con poco acceso a transporte público. Su enfoque no solo fue reparar bicicletas, sino también enseñar a los jóvenes del barrio a hacerlo. Ahora, su negocio no solo genera ingresos, sino que también crea habilidades en la comunidad y promueve el transporte sustentable. Jesus está dejando un legado que trasciende el dinero.

La conexión emocional con los clientes

Las pequeñas empresas tienen algo que las grandes nunca podrán replicar: conexión humana. Los clientes no solo compran un producto o servicio; compran la historia, el esfuerzo y la pasión detrás de cada negocio. Esto es lo que crea lealtad y transforma clientes en defensores de tu marca.

Cuando un cliente elige tu negocio, está diciendo: "Creo en ti y en lo que haces." Ese vínculo va más allá de una transacción económica. Es una relación basada en confianza, algo que no se puede medir, pero que vale más que cualquier campaña publicitaria.

Un llamado al orgullo empresarial

Es fácil perderse en los desafíos del día a día y olvidar lo valioso que es tu trabajo. Pero quiero que te detengas por un momento y reflexiones: **tú estás marcando la diferencia.** Cada decisión que tomas, cada esfuerzo que haces, está contribuyendo a un mundo mejor. Las pequeñas empresas no son solo negocios; son motores de cambio, y tú eres quien las impulsa.

Reflexión: Tu negocio es más que una fuente de ingresos. Es una herramienta para transformar vidas, construir comunidades y dejar un legado. El mundo necesita más empresarios como tú, que no solo buscan éxito personal, sino que también entienden el impacto colectivo de sus acciones.

Así que sigue adelante, con la frente en alto y el corazón lleno de orgullo. Porque lo que haces, importa. **Y no olvides que eres una clase de persona dotada de talentos específicos para el emprendimiento** (profundizaremos en eso en el siguiente capítulo), ¡**Eres valioso(a)**!

1.6 Retos ante los grandes competidores.

Imagina esto: tienes una tienda de productos locales, bien decorada, con una clientela fiel. Pero, de repente, una gran cadena llega a tu ciudad con precios bajos y campañas publicitarias agresivas. ¿Te suena familiar? **Competir contra los grandes no es tarea fácil, pero tampoco es imposible.**

La batalla de los recursos

Uno de los mayores desafíos que enfrentan las pequeñas empresas al competir con grandes corporaciones es la diferencia de recursos. Mientras ellos cuentan con presupuestos millonarios para publicidad, tú probablemente estás administrando tu propio marketing con herramientas gratuitas y creatividad. Pero aquí está la buena noticia: **la creatividad siempre será tu mejor arma.**

Las grandes empresas pueden inundar el mercado con anuncios, pero no pueden replicar la autenticidad y la conexión personal que tú ofreces. Esa es tu ventaja competitiva, y no debes subestimarla. **Cuando un cliente elige tu negocio, no solo está comprando un producto; está eligiendo una experiencia, una historia y un impacto local.**

El precio no siempre es lo más importante

Otro reto común es la percepción de que no puedes competir en precio. Es cierto, las grandes cadenas tienen economías de escala que les permiten ofrecer productos más baratos. Pero aquí está el secreto: **los clientes no siempre buscan lo más barato; buscan lo que les hace sentir bien.**

Tu trabajo es demostrar el valor único de tu oferta. ¿Tu producto es artesanal? ¿Tienes atención personalizada? ¿Ofreces algo que las grandes marcas no pueden? Comunica eso con claridad. **El cliente que entiende el valor de tu producto estará dispuesto a pagar por él.**
*Profundizaremos en esto en el capítulo 5

Historias de resiliencia: Pequeños que vencieron a los grandes

Como Luis, con una pequeña cafetería en un barrio donde una famosa cadena de café decidió abrir una sucursal. Muchos pensaron que Luis no sobreviviría, pero él tenía algo que la cadena no podía ofrecer: una conexión real con sus clientes. Conocía sus nombres, sus gustos y modifico su espacio para acercarse más a sus clientes, lo hizo más acogedor donde se sentían en casa. Comunico localmente sus cambios través de redes sociales y eventos comunitarios, Luis no solo retuvo a su clientela, sino que atrajo a más personas que buscaban algo auténtico. Hoy, su cafetería sigue siendo un punto de encuentro local.

O como Nahomi, dueña de una tienda de muebles personalizados, enfrentó la competencia de una cadena que ofrecía muebles baratos y de fabricación masiva. En lugar de bajar sus precios, Nahomi decidió destacar su calidad, diseño único y la historia detrás de cada pieza. Creó contenido en redes sociales mostrando el proceso de fabricación y compartió testimonios de clientes satisfechos. Ahora, sus clientes no solo compran muebles; compran piezas con alma.

Cómo enfrentar a los gigantes: Estrategias prácticas

1. **Conecta con tus clientes:** Los grandes competidores no pueden igualar el nivel de personalización y atención que tú puedes ofrecer. Aprende los nombres de tus clientes, escucha sus necesidades y asegúrate de que cada interacción sea memorable.
2. **Destaca tu autenticidad:** Los clientes valoran la autenticidad y la transparencia. Comparte la historia de tu negocio, muestra quién está detrás de cada producto y destaca tu compromiso con la comunidad.
3. **Sé ágil y creativo:** Mientras las grandes empresas tardan meses en implementar cambios, tú puedes adaptarte rápidamente a las necesidades del mercado. Aprovecha esta ventaja para innovar y sorprender a tus clientes.
4. **Utiliza el poder del boca a boca:** Una recomendación de un cliente satisfecho vale más que

cualquier anuncio costoso. Enfócate en ofrecer un servicio excepcional que haga que tus clientes hablen de ti.

El valor de ser pequeño

Ser una pequeña empresa en un mercado dominado por gigantes puede parecer intimidante, pero también tiene sus ventajas. Tienes la libertad de ser auténtico, de construir relaciones reales y de ofrecer experiencias únicas. Estas son cosas que el dinero no puede comprar y que las grandes corporaciones no pueden imitar.

Reflexión: Sí, competir contra los grandes es un reto, pero también es una oportunidad para demostrar lo que realmente vale tu negocio. Cada vez que un cliente elige tu empresa sobre una cadena, es una victoria que refleja tu esfuerzo, tu pasión y tu autenticidad.

Quiero que recuerdes esto: **no necesitas ser el más grande para ser el mejor.** Con cada cliente satisfecho, cada historia compartida y cada relación construida, estás ganando la batalla. Sigue adelante, porque el mundo necesita lo que tienes para ofrecer. Y recuerda, siempre hay mercado para lo que es **muy bueno.**

1.7 Otros retos que enfrenta la pequeña empresa.

Tener una pequeña empresa no es para débiles de corazón. Si estás aquí, sabes que emprender no es un camino pavimentado, sino un sendero lleno de piedras, curvas y a veces, ¡hasta tormentas inesperadas! Pero aquí estamos, enfrentando esos retos con valentía. **Porque si algo sabemos los empresarios es que no hay obstáculo lo suficientemente grande que nos detenga.**

El acceso limitado a financiamiento

Uno de los retos más comunes para las pequeñas empresas es conseguir financiamiento. Mientras que las grandes corporaciones tienen acceso a inversionistas y líneas de crédito extensas y económicas. Los pequeños empresarios a menudo tienen que recurrir a ahorros personales, préstamos familiares o líneas de crédito costosas. Sí, es frustrante, pero no es insuperable.

La clave está en buscar alternativas creativas. Hoy en día, existen programas gubernamentales y cooperativas que apoyan a pequeños negocios. La preparación también juega un papel fundamental: un plan de negocio sólido, con números claros y objetivos tangibles, puede abrir muchas puertas que antes parecían cerradas. Recuerda, el financiamiento no solo se busca, se construye con confianza y credibilidad.

La lucha por la visibilidad

Vivimos en un mundo donde la atención de los clientes está saturada por anuncios, notificaciones y contenido constante. En este contexto, destacar puede parecer una misión imposible. Pero aquí tienes una ventaja: **la autenticidad siempre gana.**

Tu historia, tu pasión y tu compromiso con la calidad son armas poderosas. No necesitas un presupuesto millonario para captar la atención de tus clientes; necesitas conectar con ellos a nivel humano. Las redes sociales son una herramienta increíblemente accesible. Comparte tu día a día, los desafíos que enfrentas y las victorias que celebras. Los clientes no solo compran productos; compran la historia detrás de ellos.

El desafío de la digitalización

En una era donde la tecnología avanza a pasos agigantados, mantenerse actualizado puede ser abrumador. Desde el comercio electrónico hasta la automatización de procesos, las pequeñas empresas a menudo sienten que están corriendo para no quedarse atrás. Pero; la digitalización no tiene que ser un monstruo, puede ser tu mejor aliada.

Empieza por lo básico. Si aún no tienes presencia en línea, crea un sitio web sencillo o una página en redes sociales. Aprende a utilizar herramientas gratuitas o económicas para gestionar inventarios, atender clientes y promocionar tus productos. La clave no es hacerlo todo de golpe, sino dar pasos pequeños pero constantes hacia la modernización.

El agotamiento emocional del empresario

No se habla lo suficiente de esto, pero el agotamiento emocional es uno de los mayores retos para cualquier empresario. La presión de tomar decisiones importantes, resolver problemas diarios y mantener la motivación puede pasar factura, pero no tienes que hacerlo todo tú solo.

Aprender a delegar, rodearte de un equipo en el que confíes y encontrar momentos para desconectar son estrategias esenciales. Recuerda que cuidar de ti mismo no es un lujo, es una necesidad. Tu negocio depende de tu claridad mental y tu energía, así que no descuides tu bienestar.

Adaptarse a cambios constantes

Los mercados cambian, las tendencias evolucionan y las expectativas de los clientes no se quedan atrás. Adaptarse no es opcional para mantenerse relevante. Y aunque pueda parecer intimidante, los pequeños negocios tienen una ventaja aquí: **la agilidad.**

A diferencia de las grandes empresas, tú puedes reaccionar rápidamente, probar nuevas estrategias y ajustar tu rumbo sin demasiada burocracia. Abraza esa flexibilidad y úsala para adelantarte a las necesidades de tus clientes. **Cada cambio es una oportunidad para innovar y destacar.**

Reflexión: Cada reto que enfrentas como empresario es una prueba de tu resiliencia, tu creatividad y tu determinación. Algunos días serán más difíciles que otros, pero cada paso adelante te acerca más a tus metas. Los desafíos no definen tu camino; tu capacidad de enfrentarlos sí.

Así que sigue luchando, sigue aprendiendo y sigue creciendo. Porque el mundo necesita empresarios como tú: valientes, determinados y llenos de pasión. **¡Tú puedes con esto y con más!**

1.8 La capacidad de resiliencia.

Algo más que caracteriza a las pequeñas empresas, es su capacidad de resistir. A pesar de los desafíos, las crisis económicas y los cambios de mercado, las pequeñas empresas han demostrado una y otra vez que no solo sobreviven, sino que también prosperan en las circunstancias más difíciles. **Esa resiliencia es su superpoder.**

¿Qué significa ser resiliente como empresario?

Ser resiliente no significa evitar los problemas o minimizar las dificultades. Significa enfrentarlos con valentía, resistir, aprender de ellos y adaptarte. **Es entender que cada obstáculo es una oportunidad para crecer.** Como empresario, probablemente ya has enfrentado situaciones que pusieron a prueba tu temple, la pérdida de un cliente importante, una baja en las ventas o incluso momentos en los que pensaste en renunciar. Pero aquí estás, avanzando y luchando. Eso es resiliencia.

La resiliencia empresarial no surge de la noche a la mañana. Se construye con cada experiencia, con cada decisión que tomas en los días buenos y, especialmente, en los días malos. Cada caída te da las herramientas para levantarte más fuerte y preparado.

Historias de resiliencia que inspiran

Como Angelica, con un pequeño restaurante en su ciudad natal. Durante una crisis económica, muchas empresas locales cerraron sus puertas, pero Angelica decidió adaptarse. Introdujo servicios de entrega, diversificó su menú y utilizó las redes sociales para mantenerse conectada con sus clientes. No solo sobrevivió, sino que ahora tiene un negocio más fuerte y una comunidad más fiel.

O como Ángel, un fabricante de calzado; enfrentó una caída en las ventas cuando las grandes marcas comenzaron a dominar el mercado. En lugar de competir en precio, Ángel decidió destacar en calidad y personalización. Creó un modelo de negocio donde los clientes podían diseñar su propio calzado. Hoy, su negocio no solo es rentable, sino que también ha creado un nicho único en su industria.

Resiliencia en acción: Estrategias clave

1. **Acepta los cambios:** El mercado está en constante evolución, y adaptarte es esencial. Mantén la mente abierta para aprender nuevas formas de operar y satisfacer a tus clientes.
2. **Conoce tus fortalezas:** Identifica lo que hace único a tu negocio y enfócate en esas áreas. Tu ventaja competitiva es tu mejor arma.
3. **Aprende de los fracasos:** Cada error es una lección. Analiza lo que salió mal, corrige el rumbo y sigue adelante.
4. **Construye una red de apoyo:** Rodéate de otros empresarios, mentores y aliados que te inspiren y te ofrezcan perspectivas valiosas.

5. **Cuida tu bienestar:** La resiliencia no solo es mental, también es física y emocional. Descansar, desconectarte cuando sea necesario y cuidar tu salud son parte del éxito.

La resiliencia como ventaja competitiva

Los grandes competidores pueden tener recursos ilimitados, pero las pequeñas empresas tienen algo que no se compra, agilidad y adaptabilidad. La capacidad de cambiar de dirección rápidamente, ajustar estrategias y conectar con los clientes a nivel humano es algo que los gigantes del mercado no pueden replicar. **Ahí radica tu fortaleza.**

Piensa en cómo las pequeñas empresas manejaron desafíos globales como pandemias o recesiones. Muchas se reinventaron por completo, exploraron nuevas formas de vender y encontraron maneras creativas de seguir adelante. **Eso es resiliencia en acción.**

Reflexión: La resiliencia no es solo una cualidad, es una necesidad para cualquier empresario. Es lo que te permite superar los días difíciles, mantenerte enfocado en tus metas y continuar luchando por tu sueño. Quiero que recuerdes esto: Cada reto que enfrentas es una oportunidad para demostrar tu fuerza y tu determinación.

Sigue adelante con la confianza de que cada paso que das, por pequeño que parezca, te está llevando más cerca de tus metas. Tú eres más fuerte de lo que crees, y el mundo necesita esa fortaleza. **¡El mundo cuenta contigo!**

1.9 La pequeña empresa VALE.

Quiero que cierres los ojos por un momento y pienses en todo lo que has logrado como empresario. Cada decisión, cada sacrificio y cada momento de duda que superaste te han traído hasta aquí. Ahora, abre los ojos y mírate: **eres parte de algo mucho más grande de lo que imaginas.**

Tu lugar en el mundo económico

Las pequeñas empresas no son solo un engranaje más en la maquinaria económica global; son el corazón que bombea vida a las comunidades. Representan oportunidades, sueños y progreso. Cada peso que tu negocio genera, cada empleo que ofreces y cada cliente que atiendes construye un mundo más equilibrado y justo. Sin ti, el panorama económico sería desolador.

Los datos lo confirman, pero esto no es solo una cuestión de números; es una cuestión de impacto humano. Tú eres quien pone comida en la mesa de tus empleados, quien crea oportunidades donde antes no existían y quien lidera con el ejemplo. **Eso, amigo empresario, es un logro inmenso.**

El impacto emocional de tu trabajo

Cada vez que un cliente entra por la puerta de tu negocio o hace clic en "comprar ahora" en tu tienda en línea, estás dejando una huella. Estás ofreciendo algo que las grandes corporaciones no pueden replicar: cercanía, autenticidad y un sentido de pertenencia. Estás construyendo relaciones reales, y eso es invaluable.

No olvides que detrás de cada interacción hay una historia. Tal vez ayudaste a una madre a encontrar el regalo perfecto para su hijo o le diste su primer empleo a alguien que necesitaba una oportunidad. Estas son las cosas que hacen que tu trabajo sea mucho más que un negocio; lo convierten en un motor de cambio.

Reconoce tus fortalezas y celebra tus logros

Es fácil caer en la trampa de enfocarte solo en lo que falta por hacer, en los problemas que quedan por resolver. Pero quiero invitarte a hacer algo diferente: detente un momento y celebra. Celebra cada cliente satisfecho, cada factura emitida y cada obstáculo superado. Porque, aunque el camino del emprendedor está lleno de retos, también está lleno de victorias. Y esas victorias merecen ser reconocidas.

Haz un recuento mental de todos los logros que has tenido, grandes y pequeños. Desde abrir las puertas de tu negocio por primera vez hasta mantenerlo a flote en tiempos difíciles, cada paso que has dado es un testimonio de tu esfuerzo y tu pasión. Eres la prueba viviente de que los sueños se pueden convertir en realidad.

Un llamado a seguir adelante

Por supuesto, esto no significa que el camino será fácil de aquí en adelante. Siempre habrá nuevos desafíos, nuevas montañas que escalar. Pero quiero que sepas algo: tienes lo necesario para enfrentarlos.

Sigue aprendiendo, sigue creciendo y nunca pierdas de vista por qué empezaste este viaje. Tu negocio es más que un sustento; es un legado. Es la forma en que contribuyes al mundo y dejas tu marca en él. Y créeme, esa marca importa.

Reflexión final:

Quiero que termines este capítulo con una sensación de orgullo y propósito. Eres un empresario valiente, resiliente y esencial para el mundo. Tu negocio, por pequeño que parezca, tiene un impacto enorme. Cada decisión que tomas, cada problema que resuelves y cada cliente que atiendes son contribuciones valiosas a un mundo mejor.

El mundo cuenta contigo, emprendedor. Sigue adelante con la certeza de que lo que haces importa, y que cada día que trabajas en tu negocio estás construyendo un futuro lleno de posibilidades. ¡Tú puedes hacerlo, porque ya lo estás haciendo!

Ahora van las malas

Las estadísticas muestran que de cada 100 Mipymes que nacen, 82 no prosperan, que duro ¡No?, así es, el 82 % no resiste a alguno de los desafíos que mencionamos a lo largo de este capítulo. A partir del siguiente capítulo, hare mi mejor esfuerzo por guiarte no solo para que no seas del % de las que desaparecen, sino que tratare de cambiar tu mentalidad y darte algunas herramientas para que puedas llegar más lejos de lo que podrías imaginar.

DESPIERTA, es tu turno de cambiar al mundo. www.llamadoaléxito.com

CAPITULO 2: TU PASION, LA FUERZA QUE MUEVE AL MUNDO.

2.1 ¿Qué es un emprendedor?

¿Te has detenido a pensar qué significa realmente ser un emprendedor? Literalmente es quien, viendo una oportunidad de negocio, pone su empeño y su dinero para sacar un provecho económico, pero pocos entienden la profundidad de lo que implica. Ser emprendedor no es solo tener un negocio; es adoptar una mentalidad, una forma de vida, una manera única de ver el mundo. Y lo más importante: ser emprendedor significa ser un creador.

La esencia de un emprendedor

Un emprendedor no se conforma con lo que ya existe; ve problemas y busca soluciones. Donde otros ven riesgos, el emprendedor ve oportunidades. No espera que las cosas cambien por sí solas; actúa para cambiarlas. Es alguien que toma las riendas de su destino, que se atreve a soñar en grande y trabaja incansablemente para convertir esos sueños en realidad. **El emprendedor es el puente entre una idea y su ejecución.**

Pero no confundamos esto con un camino fácil. Ser emprendedor significa enfrentar incertidumbre, asumir riesgos y, muchas veces, navegar por aguas desconocidas. Sin embargo, es precisamente esta disposición para salir de la zona de confort lo que hace que los emprendedores sean tan valiosos para la sociedad.

DESPIERTA, es tu turno de cambiar al mundo.   www.llamadoalexito.com

Diferencias clave: emprendedor vs. Empleado

Entender la diferencia entre un emprendedor y un empleado no es cuestión de juzgar quién es mejor o peor, sino de comprender las mentalidades que los definen. Ambos roles son esenciales, pero funcionan de maneras muy distintas.

1. Mentalidad ante el riesgo:
Un empleado busca seguridad. Su principal preocupación es recibir un salario estable al final del mes. Por otro lado, el emprendedor sabe que no hay garantías. Su ingreso depende directamente de su capacidad para generar valor. Y aunque esto puede ser aterrador, también es liberador. Para mí la aversión al riesgo es la mayor diferencia entre los 2 perfiles. **El emprendedor no depende de un jefe; depende de sí mismo.**

2. Libertad de decisión:
El empleado trabaja dentro de un sistema con reglas y límites establecidos. En cambio, el emprendedor crea su propio sistema. Decide qué vender, cómo hacerlo y a quién. Esta libertad viene con una gran responsabilidad, pero también con la posibilidad de diseñar un negocio que refleje sus valores y pasiones.

3. Horarios y enfoque:
Mientras que un empleado suele tener horarios establecidos, el emprendedor trabaja las 24/7 en su visión. No se trata solo de tiempo, sino de enfoque. **El emprendedor no "trabaja para alguien más"; trabaja para construir algo propio.**

4. Visión a largo plazo:
Un empleado a menudo se enfoca en las tareas inmediatas, mientras que el emprendedor debe pensar en el futuro. Cada decisión que toma está guiada por una visión de lo que quiere construir a largo plazo. Es un estratega que siempre está viendo más allá de lo evidente.

5.- Energía para brincar barreras:

Para el emprendedor que alguien le diga que no funcionará, es como echarle más leña al fuego, somos más obstinados y tercos pero muchas veces logramos romper paradigmas.

6.- Orden y control:

El emprendedor (en lo general) puede con facilidad controlar su negocio simplemente echando un vistazo; inventarios, efectivo, etc. pero cuando la empresa crece suele notarse la limitación administrativa. *Hablaremos de eso en el capítulo 6

Ejemplo práctico: Dos formas de ver el mundo

Imagina a Laura, una diseñadora gráfica. Como empleada, Laura sigue instrucciones claras: diseñar lo que su jefe le pide, dentro de los plazos establecidos. Pero como emprendedora, Laura no solo diseña, también busca clientes, establece precios, gestiona proyectos y crea una marca personal. **Ambos roles son válidos, pero la diferencia está en la independencia y el arrojo que Laura tiene sobre su trabajo como emprendedora.**

Los desafíos y recompensas de ser emprendedor

Ser emprendedor no es para todos, y eso está bien. No todo el mundo está dispuesto a enfrentar la incertidumbre o asumir la responsabilidad que implica liderar un negocio. Pero para aquellos que eligen este camino, las recompensas son incomparables. No hay nada como la satisfacción de ver cómo una idea se convierte en realidad gracias a tu esfuerzo. ¡ah, que placer nos produce eso a los emprendedores!, es que no iniciamos proyectos, ¡Los parimos! Es como si fueran nuestros hijos.

Por supuesto, hay días difíciles. Habrá momentos en los que sentirás que estás remando contra la corriente. Pero esos días son los que te forjan, los que te hacen más fuerte y te preparan para los desafíos futuros. Ser emprendedor no es solo un trabajo; es un viaje de transformación personal.

Reflexión: Quiero que recuerdes algo: **ser emprendedor es un acto de valentía.** Estás eligiendo un camino que muchos temen, pero también uno que tiene el potencial de cambiar vidas, empezando por la tuya. No importa si estás comenzando o si llevas años en esto; cada día que decides seguir adelante estás demostrando tu fuerza y tu compromiso.

Así que sigue soñando, sigue creando y nunca olvides por qué empezaste. El mundo necesita más personas como tú, dispuestas a desafiar lo establecido y a construir algo nuevo. Eres un emprendedor, y eso te hace único.

A partir de este momento te solicitare algo, algo importante, no sé de qué barrio vienes, que tan dura ha sido la vida para ti, si recibiste mucho o poco amor, si el destino ha sido justo o no contigo, pero ¡Basta! Haya sido como sea tu historia, de ahora en adelante tu eres el responsable de tu destino, no culpes a tus padres, a tus maestros, a tus amigos, a los demonios, ¡A nadie! De ahora en adelante todo depende de ti, tal vez no lo creas, pero todo lo que te ha pasado, te ha formado, sí:**¡La vida dura forma!** Tú tienes 2 caminos a elegir **en este momento,** seguir lamiéndote las heridas, culpado a los demás de tu situación actual, o tomar las riendas de tu vida y forjar tu futuro, si observas; muchísima gente exitosa tuvo una vida dura, y eso les sirvió para llegar hasta donde nadie imaginaba.

No importa si no tienes dinero, no tienes estudios o preparación, etc. Si eres un emprendedor, y tienes sueños, sigamos con el proceso de este libro y veras que nos ira bien. Si decides no hacerlo; con sinceridad te digo; no vale la pena que pierdas tu tiempo leyendo este libro, mejor ciérralo y regálaselo a quien más coraje le tengas. Pero si tomas la decisión de darle para adelante, te aseguro, que más allá de los días duros, tendrás muchísimas satisfacciones en tu vida. Adelante **¡El mundo nos necesita!**

2.2 ¿Quieres empezar y no sabes cómo?

Emprender puede parecer un desafío gigantesco, especialmente si no sabes por dónde comenzar. Pero no te preocupes, todo gran proyecto inicia con una idea y, más importante aún, con un propósito claro. Este propósito surge de conocerte a ti mismo, de identificar lo que amas, en lo que eres bueno, lo que defiendes con pasión y cómo puedes resolver problemas a tu alrededor. En las siguientes secciones exploraremos cómo descubrir tu camino hacia un emprendimiento que no solo sea exitoso, sino que también esté alineado con tu esencia.

*El siguiente ejercicio fue extraído del programa Speakerprenour de Pete Vargas.

1.- ¿Cuál es tu pasión?

Primero, detente y hazte esta pregunta: **¿qué actividad me gusta tanto que la haría incluso gratis?** La respuesta a esta pregunta es un indicador potente de tu pasión. Piensa en esas cosas que disfrutas hacer durante horas, sin que el tiempo parezca pasar. Tal vez disfrutas cocinar, ayudar a los demás, escribir, construir algo con tus manos, diseñar o enseñar. La pasión es un motor fundamental en ti porque, cuando los momentos difíciles lleguen —y créeme, llegarán—, será tu entusiasmo por lo que haces lo que te mantendrá en pie. Escribe todas esas cosas que; si tuvieras completamente resuelto el tema del dinero; harías todos los días y casi a todas horas sin cobrar.

A menudo nos enseñan que el trabajo es una obligación, algo que hacemos por dinero. Pero ¿y si ese trabajo pudiera estar profundamente conectado con lo que te llena de energía? Por ejemplo, si te apasiona el fitness, podrías construir un negocio relacionado con el bienestar físico. Si amas resolver problemas, quizás tu vocación está en la consultoría o la tecnología. La clave está en conectar lo que amas con lo que puedes ofrecer al mundo.

2.- ¿Cuáles son tus habilidades?

Todos tenemos habilidades únicas, aunque a veces no somos plenamente conscientes de ellas. Pregúntate: **¿en qué soy realmente bueno(a)?** Aquí es donde debes hacer una introspección sincera. Piensa en los talentos que has desarrollado a lo largo de tu vida, ya sea en el trabajo, en la escuela o en tu tiempo libre. Pero no solo te limites a tu propia percepción: escucha lo que otros dicen de ti. ¿Qué te comentan tus amigos, tu familia o tus colegas? ¿En qué destacan tus capacidades según ellos?, advertencia, escribe las habilidades para las que realmente eres excelente y no las que te gustaría tener; es decir; siempre animare a las personas que quieren mejorar en habilidades que tienen bajas, pero hay cosas que salen de nuestro alcance como: ser muy alto(a), rubio(a), cantar profesionalmente, etc. Escribe las habilidades en las que realmente eres muy bueno(a); y te lo aseguro; tienes varias.

Por ejemplo, tal vez tengas habilidades sociales excepcionales y seas un gran comunicador. O puede que seas un genio organizando procesos y mejorando sistemas. Tal vez seas creativo, meticuloso o tengas un talento natural para resolver conflictos. Identificar tus habilidades te permitirá construir un negocio sólido basado en lo que ya sabes hacer bien.

Recuerda, no necesitas ser el mejor del mundo en algo para comenzar. Lo importante es tener una base que puedas fortalecer y desarrollar mientras emprendes.

3.- ¿Cuál es tu filosofía de vida?

A tus pasiones y tus habilidades agregaremos tus valores, son el núcleo de tu emprendimiento. Antes de lanzarte al mundo empresarial, pregúntate: **¿de qué estoy muy a favor? ¿Qué no estoy dispuesto a tolerar?** Tus principios y creencias darán forma no solo a tu negocio, sino también a la manera en que interactúas con tus clientes, colaboradores y socios.

Por ejemplo, si crees firmemente en la sostenibilidad ambiental, probablemente querrás que tu negocio tenga un impacto positivo en el medio ambiente. Si valoras la honestidad por encima de todo, profesas con seriedad alguna religión, tu proyecto deberá reflejar transparencia en cada detalle, desde los productos que ofreces hasta la forma en que comunicas tus precios. Definir tu filosofía de vida te permitirá atraer a clientes y aliados que compartan tu visión, creando un círculo virtuoso que fortalecerá tu emprendimiento.

Tómate un momento para escribir tus valores principales. Reflexiona sobre las veces en que has sentido orgullo por tus decisiones y las que te han generado incomodidad. Esta lista será una brújula poderosa mientras construyes tu negocio.

4.- ¿Qué problema puedes resolver y a quién?

Con toda esta información —tu pasión, tus habilidades y tu filosofía de vida—, ahora es momento de identificar un problema que puedas resolver. **El emprendimiento exitoso no comienza vendiendo un producto; comienza solucionando un problema.**

Pregúntate: ¿qué problema puedo resolver y para quién? Hazlo pensando en tres áreas fundamentales que mueven la vida de las personas: **dinero, relaciones interpersonales y salud**, porque, aunque hay otras, estamos hablando de negocios y éstas son las áreas en las que más riqueza se puede extraer. Por ejemplo, si tienes habilidades en planificación financiera, podrías ayudar a las personas a ahorrar y tener estabilidad financiera. Si te apasiona la comunicación, quizás puedas trabajar en mejorar las relaciones familiares o profesionales. Si te importa el bienestar, podrías ofrecer soluciones para el manejo del estrés o una vida más activa, o si te gusta cocinar podrías ofrecer opciones de comida saludable a cierto grupo de personas, etc.

El truco aquí está en ser específico y **cuida que se derive de: tu pasión, tu habilidad y tu filosofía de vida.** No intentes resolver todos los problemas del mundo; elige uno en el que puedas ser realmente efectivo.

Ahora encuentra a las personas que lo necesitan. Estas serán tus primeros clientes, tu comunidad inicial, y con ellos podrás construir la base de tu negocio. Aquí también tienes que ser muy específico(a), Sexo, edad, filosofía de vida, donde están ubicados, etc. No le apuntes a un mercado demasiado general, tienes que dirigirte a quienes apreciaran tu oferta.

Ya tienes tu oferta de valor: ¿que ofreces? (que por cierto te encanta), escríbelo claramente, ¿cuál es su característica única?, ¿a quién va dirigido? Esto debe tener un MUY alto contenido emocional derivado del proceso que acabamos de hacer. La gente paga más por emociones que por materiales. Solamente con el hecho de haber realizado este proceso salen a la luz muchas emociones con las que puedes equipar tu oferta de valor y si elegiste bien tu mercado meta, las apreciaran. Y por favor ¡**Cóbralas bien!**, no seas del montón de productos baratos que solo alcanzan para poner pan en la mesa.

Por último, recuerda que tu capacidad para resolver un problema no se limita a tus conocimientos actuales. Si tienes una idea clara y estás dispuesto a aprender, puedes convertirte en un experto. **El mundo necesita emprendedores que estén dispuestos a crecer y a marcar la diferencia.**

2.3 Las ventajas de ser un pequeño empresario.

¿Alguna vez te has detenido a pensar en todas las ventajas que tienes como pequeño empresario? En un mundo donde las grandes corporaciones parecen dominarlo todo, ser un pequeño empresario podría parecer una desventaja. Pero déjame decirte algo: tienes un as bajo la manga. **Tu tamaño es tu mayor fortaleza.**

Adaptabilidad y flexibilidad: Tu súper poder

Mientras que las grandes empresas necesitan semanas o incluso meses para implementar cambios, tú puedes hacerlo en cuestión de días. ¿Un nuevo producto? ¿Un cambio en las preferencias de los clientes? Tú no tienes que lidiar con capas de burocracia para moverte rápido. **Tu negocio puede girar en un instante,** como un atleta ágil en la cancha.

Por ejemplo, si notas que un producto no se está vendiendo como esperabas, puedes ajustarlo, modificarlo o incluso retirarlo del mercado rápidamente. Las grandes empresas no tienen esa ventaja; su maquinaria es lenta, y eso les cuesta tiempo y dinero. **Ahí está tu ventaja:** mientras ellos reaccionan, tú ya estás liderando.

Conexión cercana con los clientes: Una relación única

Piensa en esto: cuando un cliente entra a tu negocio, sabe que está siendo atendido por alguien que realmente se preocupa. No eres solo una figura corporativa sin rostro; eres la persona detrás del mostrador, la voz al otro lado del teléfono o el corazón que late detrás de la marca. **Los clientes lo sienten, y eso crea lealtad.**

Mientras que las grandes empresas invierten millones en campañas publicitarias para "humanizar" su marca, tú ya lo tienes ganado. Cada interacción que tienes con un cliente es una oportunidad de conectar, de escuchar y de construir una relación que va más allá de la transacción. **Los clientes no** solo compran tus productos; compran tu historia, tu pasión y tu compromiso.

Creatividad e innovación: Libertad para soñar en grande

Ser pequeño significa que tienes la libertad de experimentar. Puedes probar nuevas ideas, lanzar promociones locas o explorar mercados que las grandes empresas consideran demasiado arriesgados. **La creatividad es tu terreno de juego.**

¿Recuerdas la última vez que tuviste una idea y la pusiste en marcha casi de inmediato? Eso es algo que las grandes corporaciones no pueden hacer. Ellos necesitan aprobación, análisis y juntas interminables. Tú, en cambio, puedes actuar rápidamente y ver resultados inmediatos. Esa libertad es algo que no tiene precio. Las pequeñas empresas tienen la capacidad de adaptarse y prosperar en circunstancias difíciles.

Maximiza tus ventajas competitivas

Ahora que sabes todo lo que tienes a tu favor, quiero desafiarte a que lo aproveches al máximo. ¿Cómo puedes hacer que tu negocio sea aún más ágil, más cercano y creativo? Aquí tienes algunas ideas:

1. **Escucha a tus clientes:** Lo qué quieren, lo qué les gusta y qué mejorarían. Usa esa información para ajustar tu oferta. Esto se consigue con un recurso mágico, efectivo y gratuito: **PREGUNTA**, esto lo deberás usar durante toda tu vida empresarial.
2. **Crea experiencias únicas:** No vendas solo un producto o servicio; vende una experiencia que tus clientes nunca olviden.
3. **Aprovecha la tecnología:** Desde redes sociales hasta herramientas de gestión, la tecnología está al alcance de todos. Úsala para simplificar procesos y conectar con más clientes.

DESPIERTA, es tu turno de cambiar al mundo.   www.llamadoaléxito.com

Reflexión: Quiero que termines esta sección con una certeza: **ser un pequeño empresario no es una desventaja; es un privilegio.** Tienes en tus manos la capacidad de hacer cosas increíbles, de tocar vidas y de marcar una diferencia real. Las grandes empresas pueden tener recursos infinitos, pero nunca tendrán tu agilidad, tu autenticidad ni tu pasión.

Así que sigue adelante con la cabeza en alto. Aprovecha cada ventaja que tienes, porque esas son las que te llevarán al éxito. El mundo necesita empresarios como tú, valientes, creativos y dispuestos a hacer que las cosas pasen. ¡Tú puedes hacerlo! **¡El mundo cuenta contigo!**

2.4 Mitos y creencias del emprendimiento.

El mundo del emprendimiento está plagado de mitos y creencias que, aunque populares, muchas veces son incorrectos o limitantes. Estas ideas preconcebidas pueden frenar el crecimiento de los emprendedores o, peor aún, desmotivarlos antes de alcanzar su verdadero potencial. Hoy vamos a desmontar algunos de estos mitos para que puedas enfrentarte a ellos con la claridad y confianza que necesitas.

Mito 1: "Los emprendedores nacen, no se hacen"

En mi opinión hay personas que naturalmente tienen en su "paquete de nacimiento" características que los posicionan con mejor habilidad para emprender, tales como: interés por lo nuevo, gusto por el riesgo, capacidad de observar oportunidades, etc. Sin embargo, creo también que una basta parte de la población pudiera emprender con mucho éxito fortaleciendo algunas áreas mentalizándose del roll del empresario. Respeto profundamente a quienes piensen que todos pueden ser empresarios.

Mito 2: "Si amas lo que haces, nunca trabajarás un día en tu vida"

Aunque es cierto que la pasión es un motor esencial para el éxito, esta idea simplifica demasiado lo que implica emprender. Ser empresario requiere esfuerzo, largas horas de trabajo y, en ocasiones, tomar decisiones difíciles. Habrá días en los que, incluso haciendo lo que amas, te sentirás agotado o desanimado. La clave está en aprender a equilibrar tu pasión con una disciplina firme. Amar lo que haces no significa que sea fácil, pero sí que valdrá la pena.

Mito 3: "Debes ser tu propio jefe para ser feliz"

El concepto de "ser tu propio jefe" suena atractivo, pero no es una garantía de felicidad. La realidad es que, como emprendedor, tendrás múltiples "jefes": tus clientes, tus socios, tus responsabilidades financieras y hasta tu propia autocrítica. Hay un chiste (chascarrillo) que aparece en las festividades decembrinas que muestra al emprendedor llorando sin aguinaldo y una frase que dice "Por jugar al emprendedor" jajaja, tal vez al principio puedan suceder estas cosas, pero en un futuro inmediato veras que todo valdrá la pena. La felicidad no proviene únicamente de la libertad de ser tu propio jefe, sino de encontrar un propósito significativo en lo que haces. Si tienes claro por qué emprendiste y hacia dónde quieres llegar, cada reto será una oportunidad para crecer, no una carga.

Mito 4: "Necesitas mucho dinero para emprender"

Si bien es cierto que algunos negocios requieren una inversión inicial significativa, muchos emprendedores han comenzado con recursos limitados. Lo que realmente necesitas es creatividad, perseverancia y la disposición para aprender. Hoy en día, con las herramientas digitales y las redes sociales, es más accesible que nunca iniciar un negocio sin grandes presupuestos. Recuerda: la falta de recursos no debe ser una excusa, sino un desafío para buscar soluciones innovadoras. Y como dijo el gran Spencer Hoffman **¿cómo si se puede? Y ¿cuál es el siguiente paso?**

Mito 5: "El fracaso significa el final"

Nada podría estar más lejos de la verdad. El fracaso es parte del camino, no su fin. Grandes empresarios han enfrentado múltiples fracasos antes de alcanzar el éxito. Cada error es una lección, cada obstáculo superado es una victoria, y cada caída te prepara para levantarte con más fuerza. No permitas que el miedo al fracaso te paralice. En lugar de verlo como un enemigo, míralo como un maestro. En mi caso, en el 2014 estaba llorando sobre los restos de mi empresa más grande en bancarrota, aunque aquí trataremos de evitar riesgos elevados, te diré que alguna medida de fracaso siempre está presente en la vida del empresario y eso da muchísima fortaleza, resiliencia y aprendizaje, 10 años después estoy en el mejor momento de mi vida, ganando más dinero que nunca y tratando de enseñar a otros el camino.

Rompiendo las cadenas de las creencias limitantes

Desafiar estos mitos y creencias no es fácil, pero es esencial para liberar tu potencial como emprendedor. Cada vez que te enfrentes a una de estas ideas, cuestiona su validez y busca ejemplos de personas que las hayan superado. Tú también puedes hacerlo. Recuerda que el camino del emprendedor está lleno de desafíos, pero también de posibilidades infinitas. ¡El mundo cuenta contigo para romper barreras y demostrar lo que eres capaz de lograr!

2.5 Los errores más comunes de los emprendedores.

¿Sabías que muchos emprendedores, incluso los más apasionados, cometen errores que pueden costarles tiempo, dinero y energía? Pero tranquilo, ¡no estás solo! Los errores son parte del camino, pero reconocerlos a tiempo y aprender de ellos es lo que te llevará a la cima. Aquí vamos a desglosar los errores más comunes que enfrentan los emprendedores y, más importante aún, cómo evitarlos. **Recuerda: el fracaso no es el fin, es una oportunidad para empezar de nuevo con más sabiduría.**

1. Querer hacerlo todo solo: El síndrome del "superhéroe"

¿Te suena esto? Quieres controlar cada aspecto de tu negocio, desde las ventas hasta el diseño del logo, pasando por las redes sociales y la contabilidad. Es natural; tu negocio es como tu bebé, y quieres asegurarte de que todo salga perfecto. Pero déjame decirte algo: hacerlo todo solo no solo te agotará, sino que también limitará el crecimiento de tu empresa.

El tiempo es tu recurso más valioso, y si lo gastas en tareas que no te generan ingresos o no son tu fortaleza principal, estás desperdiciándolo. ¿La solución? Aprende a delegar. Contrata a alguien que maneje tus redes sociales o un contador que lleve tus números. Confía en que otros pueden ayudarte a alcanzar tus metas más rápido. *Ampliaremos este tema en el capítulo 8.

2. No conocer a tu cliente ideal

Uno de los errores más comunes y costosos es intentar venderle a todo el mundo. ¿Por qué? Porque terminas hablando con nadie en particular. Si no sabes quién es tu cliente ideal, no podrás crear estrategias que realmente conecten con él. ¿Cómo esperas ofrecer una solución si ni siquiera entiendes el problema?

Dedica tiempo a investigar a tus clientes. Conoce sus necesidades, sus deseos, sus miedos. Define un perfil claro: Edad, ingresos, intereses, incluso qué redes sociales usan. Esta información será tu brújula para tomar decisiones de marketing y ventas. El cliente es el centro de todo, y conocerlo es el primer paso para convertir prospectos en clientes fieles. *Ampliaremos este tema en el capítulo 4.

3. Subestimar la importancia de las finanzas

Muchos emprendedores evitan mirar sus números. Y sí, puede ser incómodo, pero ¿cómo esperas crecer? si no sabes exactamente ¿cuánto ganas, ¿cuánto gastas y cuánto te queda al final del mes? Tu negocio no puede sobrevivir sin una base financiera sólida.

Haz un hábito revisar tus finanzas regularmente. Utiliza herramientas simples, como hojas de cálculo o software de contabilidad, para mantener todo en orden. Aprende a diferenciar entre gastos esenciales y aquellos que pueden recortarse. Y nunca, nunca mezcles tus finanzas personales con las del negocio. *Ampliaremos este tema en el capítulo 9.

4. No invertir en marketing

Otro error común es pensar que el marketing es un lujo o algo que se puede dejar para después. Pero déjame decirte algo: el mejor producto del mundo no vale nada si nadie sabe que existe. El marketing no es un gasto; es una inversión. Y con las herramientas digitales de hoy, no necesitas un presupuesto millonario para empezar.

Crea una presencia en redes sociales, invierte en anuncios dirigidos a tu público objetivo y crea contenido que eduque y conecte con tus clientes. La clave es ser constante y auténtico. Si no estás en el radar de tus clientes, no estarás en su lista de compras. Asegúrate de mostrar claramente tu oferta de valor con toda la carga emocional que la caracteriza. * ampliaremos este tema en el capítulo 4.

5. Resistencia al cambio

El mundo está cambiando más rápido que nunca, y los negocios que no se adaptan quedan obsoletos. Algunos emprendedores se aferran a métodos antiguos porque son "lo que siempre ha funcionado". Pero recuerda: lo que te trajo hasta aquí no necesariamente te llevará al siguiente nivel.

Adopta la tecnología, actualiza tus estrategias y mantente al tanto de las tendencias de tu industria. No se trata de cambiar por cambiar, sino de evolucionar para mantenerte relevante y competitivo. La adaptación no es una opción. Ampliaremos este tema en el capítulo 8.

Cómo evitar estos errores y avanzar con confianza

Ahora que conoces los errores más comunes, es momento de tomar acción. Aquí tienes algunos pasos prácticos:

1. **Establece prioridades:** Identifica qué tareas generan mayor impacto en tu negocio y concéntrate en ellas.
2. **Busca mentores:** Aprende de quienes ya han recorrido el camino. Sus consejos pueden ahorrarte años de prueba y error.
3. **Crea sistemas:** Automatiza procesos repetitivos y delega tareas. Esto te dará tiempo para enfocarte en lo que realmente importa.
4. **Evalúa constantemente:** Revisa lo que funciona y lo que no, y haz ajustes según sea necesario. La mejora continua es clave.

Reflexión: Quiero que termines esta sección con una idea clara: cometer errores no te hace un mal emprendedor; te hace humano. Lo importante es aprender de ellos y usarlos como trampolín para crecer. Recuerda, cada gran empresario comenzó en algún lugar y, sí, cometió errores en el camino. Lo que los distingue es que nunca dejaron de avanzar.

Así que; si te caes, levántate. Si te equivocas, corrige. Y si dudas, actúa de todas formas. **El mundo necesita tu valentía, tu creatividad y tu determinación. ¡Sigue adelante, porque estás en el camino correcto! ¡El mundo cuenta contigo!**

2.6 El impacto emocional de ser emprendedor.

Ser emprendedor no solo implica gestionar un negocio, lidiar con números y buscar clientes. También significa enfrentarse a un mundo lleno de incertidumbres, decisiones difíciles y emociones intensas. Es una montaña rusa emocional, donde los días de triunfo se mezclan con noches de dudas. Pero no te preocupes, no estás solo en esta experiencia. Vamos a desglosar las emociones que suelen acompañar a los emprendedores y cómo puedes manejarlas para convertirlas en tu mayor fortaleza.

La soledad del liderazgo

Uno de los aspectos más desafiantes de ser emprendedor es la soledad. A menudo, eres quien toma las decisiones difíciles, quien carga con la responsabilidad y quien debe mantenerse firme cuando todo parece tambalearse. Es un sentimiento que muchos no comprenden porque no están en tus zapatos o no juegan el mismo rol que nosotros. ¿Quién puede entender mejor tus preocupaciones que alguien que también ha enfrentado la incertidumbre de no saber si las ventas llegarán este mes?

Pero aquí está la verdad: la soledad no significa que debas enfrentar todo por tu cuenta. Busca una red de apoyo. Únete a comunidades de emprendedores, encuentra mentores y comparte tus experiencias. A veces, una conversación sincera con alguien que ha pasado por lo mismo puede aliviar el peso que llevas. **Recuerda, incluso los líderes más grandes necesitan apoyo.**

El miedo al fracaso: Tu peor enemigo o tu mayor maestro

Ah, el miedo. Ese compañero que aparece en cada etapa del emprendimiento. Miedo a que tu idea no funcione, a no poder pagar las cuentas, a decepcionar a quienes creen en ti. Pero aquí va un secreto: el miedo no es tu enemigo, es una señal de que estás creciendo. Si no sientes miedo, probablemente no estás saliendo de tu zona de confort.

La clave no es evitar el miedo, sino enfrentarlo. Pregúntate: ¿qué es lo peor que puede pasar? Muchas veces, las respuestas no son tan catastróficas como imaginamos; y si lo son; probablemente tengamos que hacer un pequeño ajuste en el nivel de riesgo. Y si llegas a caer, recuerda que el fracaso es parte del proceso. Cada tropiezo te enseña algo valioso y te hace más fuerte. **No tengas miedo de fallar; ten miedo de no intentarlo.**

La euforia del éxito: Una recompensa emocional única

Por supuesto, no todo es estrés y miedo. Ser emprendedor también trae momentos de pura euforia. ¿Recuerdas tu primera venta? ¿O la vez que un cliente te agradeció por cambiarle la vida con tu producto o servicio? **Esos momentos hacen que todo valga la pena.**

La euforia del éxito es una de las emociones más gratificantes que puedes experimentar. Es la confirmación de que todo tu esfuerzo, sacrificio y determinación están dando frutos, es orgullo. Pero cuidado: no dejes que el éxito te haga perder el enfoque. Celebra tus logros, sí, pero sigue avanzando con humildad y determinación. Cada éxito es un escalón hacia algo más grande.

El estrés como motor de cambio

El estrés es otro compañero constante en la vida del emprendedor. Plazos ajustados, clientes exigentes, facturas por pagar... La lista sigue. Pero aquí está la clave: el estrés no siempre es malo, de hecho, es una característica del emprendedor, mientras muchos otros conservan la calma, nosotros nos estresamos y actuamos con vigor y eso; en muchas ocasiones; es lo que saca a flote el barco. Sin embargo, si no haces lo necesario para controlarlo, puede derivar en enfermedades importantes cono depresión y afectar seriamente tu vida.

El cerebro necesita un equilibrio entre todas las sustancias que se liberan por estrés y todas las sustancias que se liberan por gozo, si descuidamos este equilibrio podemos caer en ansiedad, depresión, etc. Te lo digo por experiencia y es horrible. Cuando lo manejas adecuadamente, puede convertirse en un motor que te impulsa a ser más eficiente, creativo y resiliente.

Para manejar el estrés, aprende a priorizar. No todo es urgente, y no todo merece tu atención inmediata. **Usa herramientas como listas de tareas, delega responsabilidades y, sobre todo, cuida de ti mismo.** Un emprendedor agotado no puede liderar. Tómate tiempo para desconectar, hacer ejercicio y recargar energías. Tu salud mental y física es tan importante como el éxito de tu negocio. Complementa con un buen sueño, alimentación adecuada y ríe mucho.

El equilibrio entre pasión y agotamiento

Una de las trampas más comunes para los emprendedores es el agotamiento. Es fácil perderte en tu pasión y trabajar incansablemente, pero **el exceso de trabajo puede apagar incluso las llamas más brillantes.**

Establece límites. Define horarios y respétalos. Dedica tiempo a tu familia, amigos y pasatiempos. Recuerda, no estás construyendo un negocio solo para trabajar más; lo estás haciendo para tener una vida mejor. El equilibrio es la clave para mantener tu pasión viva y evitar el temido burnout.

Reflexión: Quiero que termines esta sección con una certeza: ser emprendedor es un viaje emocional, pero también es uno de los más enriquecedores que puedes realizar. Las emociones que enfrentas son señales de que estás viviendo intensamente, de que estás construyendo algo significativo.

No temas a la soledad, el miedo o el estrés. Úsalos como herramientas para crecer. Celebra tus triunfos, aprende de tus fracasos y, sobre todo, nunca pierdas de vista por qué empezaste. **El mundo necesita más personas como tú, valientes, apasionadas y decididas. ¡Sigue adelante, porque estás marcando la diferencia! ¡El mundo cuenta contigo!**

2.7 Reconoce tu valor y sigue adelante.

Quiero que hagamos un alto en este momento y pienses en algo: ¿te das cuenta de lo valioso que eres? Ser emprendedor no es solo un trabajo, es un llamado. Es decidir ser un creador en lugar de un espectador, un solucionador en lugar de un quejumbroso. Hoy quiero animarte a reconocer todo lo que representas y a seguir adelante con fuerza y determinación.

Eres un elemento de cambio

Cada vez que te levantas temprano para trabajar en tu negocio, estás marcando una diferencia. Piensa en las personas que dependen de ti: tus empleados, tus clientes, tus proveedores. Tú estás generando movimiento en la economía, estás siendo un pilar para muchas familias. No importa si tu negocio es grande o pequeño, lo que haces tiene un impacto real.

Quiero que te imagines por un momento a alguien que entra a tu negocio por primera vez. Esa persona puede estar buscando algo que solo tú puedes ofrecer. Puede ser un producto, un servicio o incluso una experiencia. Tu esfuerzo diario le da a esa persona algo valioso, algo que mejora su vida. Y eso, amigo mío, es poderoso.

Enfrentar los desafíos con valentía

Ser emprendedor no es fácil, lo sabemos. Hay días en los que parece que todo está en tu contra: las ventas no llegan, los costos suben, los problemas no paran. Pero aquí está la verdad: los desafíos están diseñados para sacarte lo mejor. Cada obstáculo que enfrentas es una oportunidad para crecer, para aprender, para fortalecerte.

No permitas que los momentos difíciles definan tu camino. Cuando sientas que las cosas no van bien, recuerda por qué comenzaste. Piensa en tus sueños, en esa visión que te llevó a emprender. Recuerda que cada paso hacia adelante, por pequeño que sea, te acerca a tus metas. Una buena dinámica es que el primer día de la semana laboral, a primero hora, antes de agobiarte con tus responsabilidades te des 2 minutos para recordarte ¿cuál es tu sueño como emprendedor? ¿En quién te convertirás en 5 años? Así empezaras la semana con toda la energía que le brinda su propósito a su emprendedor. **¡Animo!**

El poder de la persistencia

Hay una palabra que quiero que grabes en tu mente: persistencia. Ser emprendedor no es un sprint, es un maratón. No importa cuántas veces tropieces, lo importante es que sigas avanzando. Los emprendedores más exitosos no son los que nunca fallaron, sino los que nunca se rindieron.

Como Mario, el empezó un negocio de comida rápida en su barrio con la esperanza de ofrecer algo único. Al principio, los clientes no llegaban, los gastos lo agobiaban y pensó en cerrar. Pero en lugar de rendirse, decidió probar algo nuevo. Hizo los cambios necesarios, mejoró la atención al cliente y empezó a promocionarse en redes sociales. Hoy, Mario tiene una cadena de restaurantes exitosos. ¿La clave? Nunca dejó de creer en su visión.

Quiero que te tomes un momento para reflexionar sobre todo lo que has logrado hasta ahora. Incluso si sientes que aún falta mucho por recorrer, date crédito por lo que ya has hecho. Eres un ejemplo de valentía y perseverancia, y eso es digno de admirar.

Un mensaje de aliento: Tú puedes lograrlo

Sé que a veces las dudas pueden invadirte. Es normal. Pero quiero que recuerdes algo: **tienes todo lo que necesitas para triunfar.** Tienes la pasión, la creatividad, las habilidades y la determinación para superar cualquier obstáculo. El mundo necesita más personas como tú, personas dispuestas a arriesgarse, a soñar en grande, a trabajar duro.

Si alguna vez sientes que el peso es demasiado, no olvides que no estás solo. Hay una comunidad de emprendedores allá afuera que entiende tus luchas y celebra tus éxitos. Conéctate con ellos, comparte tus experiencias y aprende de los demás. Juntos, podemos lograr grandes cosas.

Reflexión: Termina esta sección con una certeza: **tu esfuerzo vale la pena.** Lo que haces no solo cambia tu vida, sino también la vida de quienes te rodean. Cada día que te levantas para trabajar en tu negocio, estás construyendo algo extraordinario. Y aunque el camino pueda ser desafiante, también está lleno de recompensas.

Así que sigue adelante con la cabeza en alto y el corazón lleno de pasión. Recuerda que eres valioso, que lo que haces importa y que tienes el poder de transformar el mundo, un paso a la vez. **El mundo cuenta contigo, emprendedor.** ¡No te detengas! ¡Tú puedes lograrlo!

2.8 Test del Perfil Emprendedor.

Este sencillo test te ayudara a tener claridad tanto de tus capacidades fuertes; para que las aproveches; como de tus capacidades débiles; para que las fortalezcas interna o externamente, de cualquier manera, es de gran ayuda ser consiente de esta información.

Respóndelo con sinceridad, aquí no hay que quedar bien con nadie.

Instrucciones: Responde cada afirmación marcando la opción que más te representa:

- **5**: Totalmente de acuerdo.
- **4**: De acuerdo.
- **3**: Neutral.
- **2**: En desacuerdo.
- **1**: Totalmente en desacuerdo.

1. Mentalidad Emprendedora

1. Me siento cómodo tomando decisiones importantes incluso con información limitada.
2. Prefiero crear soluciones nuevas en lugar de seguir reglas establecidas.
3. Veo los fracasos como oportunidades para aprender y mejorar.
4. Mantengo una actitud positiva incluso frente a desafíos grandes.
5. Me motiva la posibilidad de independencia financiera y personal.

2. Habilidades de Negocios

6. Puedo identificar problemas en el mercado y visualizo soluciones viables.
7. Soy bueno gestionando mi tiempo y priorizando tareas importantes.

8. Tengo facilidad para convencer a otros de mis ideas o productos.
9. Me siento cómodo estableciendo metas y creando planes para lograrlas.
10. Tengo experiencia o interés en aprender sobre ventas, finanzas y gestión.

3. Adaptabilidad y Resiliencia

11. Me adapto rápidamente a los cambios en mi entorno o circunstancias.
12. Disfruto aprender cosas nuevas y aplicarlas en mis proyectos.
13. No me desanimo fácilmente ante los contratiempos o rechazos.
14. Sé manejar el estrés y mantenerme enfocado bajo presión.
15. Me siento motivado a seguir adelante incluso cuando las cosas se complican.

4. Visión y Liderazgo

16. Soy capaz de visualizar claramente el futuro de mis proyectos o negocios.
17. Me gusta asumir el rol de líder y motivar a otros a trabajar en equipo.
18. Tengo la capacidad de delegar tareas y confiar en los demás.
19. Entiendo la importancia de la innovación y busco formas de mejorar constantemente.
20. Creo firmemente en mi capacidad para crear un negocio exitoso.

Interpretación de Resultados

Puntaje Total: Suma las respuestas para obtener un total (máximo: 100 puntos).

Clasificación:

- **80-100 puntos**: Perfil altamente adecuado. Tienes la mentalidad, habilidades y resiliencia necesarias para ser un emprendedor exitoso.
- **60-79 puntos**: Buen perfil, pero es recomendable fortalecer ciertas áreas como ventas, liderazgo o manejo del estrés.
- **40-59 puntos**: Perfil moderado. Considera trabajar en habilidades clave como planificación, adaptabilidad y motivación.
- **Menos de 40 puntos**: Perfil por desarrollar. Un enfoque en formación y experiencia práctica podría ayudarte a crecer como emprendedor.

En el siguiente capitulo empezaremos a trabajar en los cambios pertinentes para sacar la mejor versión de ti. ¡Adelante!

DESPIERTA, es tu turno de cambiar al mundo.   www.llamadoaléxito.com

CAPITULO 3: APERTURA AL CAMBIO.

Introducción:

Si ya tienes un pequeño negocio, este capítulo te gustara, te ayudara a potenciar tu proyecto pero; si tú estás pensando que aquí veremos la regla de oro para subir las ventas al doble en 4 semanas; lamento decirte que no será así, sí veremos en los siguientes capítulos como incrementar tus ventas de una manera rápida y constante entre otras cosas interesantes pero, aquí todo empieza con la mentalidad; si así es; si me preguntas que es lo mejor que puedes tomar de este libro si solo sería una sola cosa, te diré que la mentalidad de empresario visionario y criterio de abundancia; y con eso; no habrá quien te detenga.

3.1 La necesidad del cambio: Rompiendo con la rutina.

Déjame ser honesto contigo desde el principio: si no estás dispuesto a cambiar, nada va a cambiar. Sí, suena obvio, pero ¿cuántos de nosotros seguimos atrapados haciendo lo mismo, esperando milagros? **El cambio es necesario.** Y más aún cuando las barreras de entrada para tu negocio son tan bajas que cualquiera puede entrar al mercado y competir contigo. Si no te diferencias, si no te adaptas, te quedas atrás.

La trampa de la comodidad

Imagina que tienes un negocio de repostería. Tus pasteles son buenos, tus clientes te felicitan y todo parece ir bien. Pero un día, aparece un nuevo competidor en tu zona, ofreciendo productos similares a menor precio o con una experiencia más atractiva. ¿Qué haces? Si tu respuesta es "Seguir haciendo lo mismo porque siempre ha funcionado", entonces tenemos un problema. **La comodidad es peligrosa.** Es como estar sentado en una silla que parece estable, pero que está empezando a tambalearse.

El mercado cambia todos los días. Las tendencias evolucionan, las preferencias de los clientes se transforman, y si tú no te adaptas, te quedas atrás. ¿Te has preguntado por qué algunas empresas que parecían inquebrantables desaparecen con el tiempo? Muchas veces, es porque se resistieron al cambio. No seas una de ellas.

La locura de esperar resultados diferentes haciendo lo mismo

Albert Einstein decía que la definición de locura es hacer lo mismo una y otra vez, esperando resultados diferentes. Y, estimado(a), esto aplica perfectamente al mundo empresarial. ¿Cuántas veces has escuchado a alguien decir: "No entiendo por qué no vendo más si siempre he hecho las cosas de esta manera"? Pues ahí está la respuesta: porque sigues haciendo lo mismo.

La competencia en un mercado de barreras bajas

Ahora, hablemos de las barreras de entrada. ¿Qué tan difícil es empezar un negocio como el tuyo? Si la respuesta es "no muy difícil", entonces necesitas estar alerta. Las bajas barreras de entrada significan que cualquiera con un poco de dinero, tiempo u otros recursos puede convertirse en tu competencia. ¿Qué te diferencia de ellos? ¿Por qué los clientes deberían elegirte a ti y no al negocio nuevo que acaba de abrir al otro lado de la calle?

Aquí es donde entra en juego la innovación y la diferenciación. No puedes competir solo en precio, porque siempre habrá alguien dispuesto a bajar sus márgenes más que tú. **Debes competir en valor.** En calidad, en experiencia, en cómo

haces sentir a tus clientes. Ese es tu verdadero diferenciador.
*Hablaremos más de esto en el siguiente capítulo.

Reflexión: ¿Qué estás dispuesto a cambiar?

Es hora de que te hagas una pregunta honesta: **¿qué estoy dispuesto a cambiar en mi negocio para mejorar?** Tal vez necesitas invertir en formación, actualizar tus herramientas, analizar a tu competencia o incluso replantear tu modelo de negocio. El cambio puede dar miedo, pero es mucho más aterrador quedarse estático mientras el mundo avanza.

En una de mis empresas nos hicimos muy fuertes en vender nuestros productos en un canal tradicional de venta pero no nos iba bien en un canal más moderno, sí logramos ventas pero no logramos ganar dinero, entonces tome la decisión de modificar mi estrategia, pero al cabo de unos meses los resultados no fueron favorables, decidí pedir apoyo con un experto en el canal moderno y su diagnóstico fue sorprendente, mi nueva estrategia era demasiado parecida a la anterior, solo con algunos pequeños cambios pero no suficientes, según yo había elaborado una super estrategia diferente pero no fue así.

Me di cuenta de que lo que hacíamos durante años y funcionaba perfectamente para el canal tradicional, me tenía atrapado, mi mueva estrategia era muy parecida, lo que yo realmente quería era seguir haciendo casi lo mismo, pero, tener éxito en un nuevo canal, **¡Locura es hacer lo mismo y esperar resultados diferentes!** Entonces decidí invertir, cree una nueva gerencia que se enfocara totalmente al nuevo canal con una estrategia adecuada y entonces las cosas cambiaron. A veces el mismo equipo puede mejorar e incluso abarcar nuevos retos, pero siempre tendrás que evaluar si no los estas llevando a su nivel de incompetencia. Si ponemos a un gran futbolista a jugar baseball profesional, probablemente haga el ridículo.

Quiero compartirte una pequeña historia. Un amigo mío, Roberto, tenía una tienda de abarrotes en su barrio. Durante años, sus ingresos fueron estables, pero un día abrió un supermercado cerca. En lugar de lamentarse, Roberto decidió reinventarse. Añadió un servicio de entrega a domicilio, creó promociones personalizadas para sus clientes fieles y mejoró su surtido con productos locales. Hoy, su negocio está más fuerte que nunca, porque decidió cambiar antes de que fuera demasiado tarde. Hay que notar que se salió del cuadro, de su zona de confort; y si; perdió algunos clientes, pero gano muchos más.

Un desafío para ti

Te pido que termines esta sección con una acción concreta. Tómate un tiempo para analizar tu negocio y haz una lista de tres cosas que podrías hacer diferente. Puede ser algo tan simple como probar una nueva estrategia de redes sociales, o tan ambicioso como replantear completamente tu oferta de productos o servicios. El punto es actuar.

Consejo de oro, todos tenemos entre nuestros conocidos cercanos 2 o 3 pequeños empresarios que, de solo verlos, puedes deducir que lo están haciendo razonablemente bien, **¡La prosperidad se nota!**, invita a comer a un par de ellos (no necesariamente al mismo tiempo), platícales tus logros, tus luchas y pídeles algún consejo, veras como pueden salir cosas muy valiosas, y te sorprenderás al ver que tú también pudiste hacer algún comentario que les dé luz en el camino de ellos.

No olvides esto: **el cambio es un proceso continuo,** no un evento único. Siempre habrá algo que puedas mejorar, algo que puedas ajustar, algo que puedas hacer para diferenciarte y seguir creciendo. El éxito no es para los que esperan, es para los que se atreven. ¡Así que atrévete, emprendedor! El cambio comienza contigo.

3.2 Mentalidad empresarial: Construyendo una base sólida.

Si hay algo que distingue a los empresarios exitosos, es su mentalidad, sin esto el límite es muy bajo. Pero ¿qué significa realmente tener una mentalidad empresarial? No se trata solo de estar enfocado en las ventas o en hacer crecer un negocio; es mucho más profundo. Es una forma de pensar que impulsa a tomar riesgos calculados, aprender de los fracasos y mantener la visión incluso en los momentos más desafiantes. ¡Y tú también puedes desarrollarla!

Lo que define a la mentalidad empresarial

La mentalidad empresarial comienza con una creencia: **¡Tú eres capaz de lograr grandes cosas!** Puede sonar simple, pero ¿cuántas veces permitimos que nuestras dudas nos detengan? Los empresarios exitosos no son inmunes al miedo; simplemente aprenden a usarlo como combustible en lugar de verlo como un freno. Esto no significa; de ninguna manera; que será de la noche a la mañana.

Resiliencia: Volvemos a tocar este punto por su importancia y porque forma parte importante de la mentalidad del empresario, es una de las claves. Ser empresario significa enfrentar rechazos, días de bajas ventas y decisiones equivocadas. Pero no se trata de cuántas veces caes; se trata de cuántas veces te levantas y sigues adelante. Cada obstáculo es una oportunidad para aprender y mejorar. Te invito a ver en YouTube la pelea de Julio Cesar Chávez contra Meldrick Taylor, Chávez el super campeón, pero no era el favorito, contra Taylor; más rápido y fuerte que él. Durante casi toda la pelea Taylor le hizo imposible la vida a Chávez, pero éste hizo lo que hace un guerrero, no se rindió y en los últimos 5 segundos de la pelea lo noqueo, sí; Chávez noqueo a Taylor, mírala completa y ponte en los zapatos de Chávez, ese eres tú, refléjate en él y al final serás la mejor versión de ti.

Adaptabilidad. El mundo empresarial cambia rápidamente. Las tendencias de mercado, las tecnologías y las expectativas de los clientes evolucionan constantemente. Tener una mentalidad adaptable significa estar dispuesto a ajustar tu estrategia sin perder de vista tu visión.

Proactividad. Esperar a que las cosas sucedan no es una buena idea. Los empresarios exitosos toman la iniciativa. Identifican oportunidades antes que los demás y actúan rápidamente. Recuerda: el tiempo no espera a nadie, y el mercado tampoco.

Superando el miedo al fracaso: Es natural, pero aquí está la verdad: **el fracaso no es el final; es parte del proceso.** Si le temes tanto al error que te paralizas, estás renunciando a la posibilidad de aprender y crecer. Mira a los grandes empresarios; todos tienen historias de fracasos, pero también tienen historias de cómo esos fracasos los llevaron al éxito.

Líder y agente de cambio: Como empresario, no solo diriges un negocio, eres un líder, eres alguien que inspira, que marca el camino y que influye en los demás. Tus empleados, tus clientes e incluso tu comunidad miran hacia ti. Esto puede sonar intimidante, pero también es una gran oportunidad para hacer una diferencia.

Un verdadero líder no solo busca ganancias; busca impacto. Piensa en esto: cada decisión que tomas tiene el potencial de mejorar vidas, ya sea creando empleos, ofreciendo productos que resuelvan problemas o apoyando causas importantes. ¡Tú tienes ese poder!

Ejercicio práctico: Reflexionando sobre tu mentalidad

Quiero que hagas una pausa aquí y reflexiones. Toma un papel y escribe tus respuestas a estas preguntas:

1. ¿Qué creencias tienes sobre tus capacidades como empresario?
2. ¿Cómo manejas el fracaso? ¿Lo ves como una oportunidad o como un obstáculo?
3. ¿Qué pasos puedes tomar para ser más proactivo y adaptable en tu negocio?
4. ¿Cómo estás liderando e inspirando a los demás?

Ser honesto contigo mismo es el primer paso para fortalecer tu mentalidad empresarial. No tienes que tener todas las respuestas ahora, pero comprométete a buscar soluciones y a crecer.

Un mensaje para ti

La mentalidad empresarial no es algo con lo que naces; es algo que desarrollas. Cada día, cada desafío y cada victoria son oportunidades para fortalecerla. ¡No importa dónde estés ahora, lo importante es hacia dónde quieres llegar! Recuerda, **el cambio comienza en tu mente.** Si crees que puedes lograrlo, ya has dado el primer paso.

No dejes que el miedo, la duda o la rutina te detengan. Tienes en tus manos el poder de transformar tu vida y tu negocio. Y si alguna vez sientes que el camino es difícil, recuerda esto: tú no estás solo. El mundo necesita lo que tienes para ofrecer. ¡Es hora de actuar!

3.3 Metas, hábitos, calidad y coherencia: La base de tu proyecto.

En el mundo de los negocios, las metas no son solo un simple objetivo en una hoja, son el combustible que mueve el motor de tu emprendimiento. Pero aquí está el reto: no basta con tener metas; también necesitas hábitos que las respalden, un compromiso inquebrantable con la calidad y una coherencia que junte todo como una sola cosa. Este conjunto de elementos define a los empresarios que logran resultados extraordinarios.

El poder de las metas claras

Si no sabes para donde vas, ¡Pues ya llegaste! Hablemos de metas. ¿Sabes cuál es la diferencia entre un sueño y una meta? La acción. Una meta es un sueño con un plan, con pasos concretos para alcanzarlo. Sin metas claras, tu negocio ira a la deriva, moviéndose al azar sin un destino definido. Pero con metas claras, cada acción, cada decisión, tiene un propósito.

Tómate un momento para pensar: ¿cuáles son las metas de tu negocio? No solo hablo de cifras, como alcanzar X cantidad de ventas este mes. Hablo de metas que también reflejen el impacto que deseas tener en tus clientes y en tu comunidad. Por ejemplo: "Ofrecer productos que realmente transformen la vida de mis clientes" o "Crear un ambiente laboral donde mis empleados se sientan valorados y motivados". Estas metas también cuentan, y mucho.

¿Cuál es tu estilo? 1.- ¿Eres de los que les gusta poner metas demasiado altas porque piensas que apuntando muy arriba es la única manera de sacar el máximo resultado del equipo? Bien por ti, pero considera que, si frecuentemente pones metas tan altas sabiendo que no se lograran al 100%, pronto tu equipo podría no tomarlas en serio, ¡Nunca se cumplen! 2.- Si eres de los que ponen metas y se esfuerzan en cumplirlas al 100%, está bien, pero considera que si no analizas bien hasta donde puedes llegar, estarás dejando dinero sobre la mesa y tu crecimiento será más lento.

Mi estilo particular es dedicarle suficiente tiempo a ver hasta dónde podemos llegar en un periodo y agregar un pequeño % adicional que genere reto y premiarlo, desde el primer día cuidar su cumplimiento al 100%. Con esto he logrado que mi empresa principal, creciera casi el 60% anual durante los últimos 3 años.

Hábitos que construyen imperios

Un buen plan sin ejecución sirve solo para 2 cosas, para nada y para pura *%#& ¡No subestimes el poder de los hábitos! Pueden parecer pequeños, incluso insignificantes, pero son los ladrillos con los que construyes el imperio de tu negocio. Hábitos como renovar tu plan semanal, dar seguimiento frecuente al cumplimiento de tareas (antes de que sea tarde), revisar tus finanzas regularmente o dedicar tiempo a aprender algo nuevo son esenciales para mantenerte en el camino correcto.

Un consejo clave: Empieza con un hábito a la vez. Muchas veces intentamos cambiar todo de golpe, y terminamos abrumados. En su lugar, elige un área que necesite mejora urgente y comprométete a trabajar en ello. Tal vez sea organizar mejor tu tiempo o mejorar la comunicación con tu equipo. Lo importante es comenzar. Al final de este capítulo te proporciono un test de evaluación de tu empresa en donde podrás tener claridad de las áreas que más ocupan atención.

Quiero que pienses en esto: ¡Tú no eres tus hábitos actuales, sino los hábitos que decides construir hoy! Si cada día das un pequeño paso en la dirección correcta, los resultados acumulados serán asombrosos.

La calidad como diferenciador clave

Si tu proyecto tiene que ver con ser la opción local más barata con una calidad solo suficiente para cumplir, déjame te digo lo siguiente: De el gran % de empresas que mencionamos en capítulos anteriores que no pueden prosperar, la gran parte es por esto, puede ser que una rama de tu negocio sea productos económicos de menor calidad para un mercado específico, pero siempre adicionalmente de una o más ramas que generen valor agregado con buen margen de utilidad. La calidad no es negociable. Si quieres destacar en un mercado competitivo, tu producto o servicio debe ser excepcional. Pero la verdad incómoda es que muchos empresarios se conforman con ser buenos, cuando podrían ser excelentes. Y esta falta de compromiso con la calidad es lo que los detiene.

La calidad no se limita a lo que vendes; también incluye cómo lo vendes. Desde la atención al cliente hasta el empaque de tus productos, cada detalle cuenta. Pregúntate: ¿estoy entregando algo de lo que realmente me siento orgulloso? Si la respuesta es no, ¡es hora de hacer cambios!

La coherencia construye confianza

Finalmente, hablemos de coherencia. Ser coherente significa que tus acciones están alineadas con tus palabras y tus valores, tus productos o servicios, tus vehículos, etc. Tus clientes, empleados y socios necesitan saber que pueden confiar en ti, y esa confianza se construye con consistencia.

Por ejemplo, si uno de tus valores es sostenibilidad, tu papelería, tu marketing, tu empaque, tus uniformes, tendrán que estar alineados con eso. Si tus empleados no te la creen, nadie lo hará y no estarás generando valor. La coherencia no solo te hace confiable; también te diferencia en un mercado lleno de promesas vacías.

Ejercicio práctico: Reflexiona y actúa

Antes de cerrar esta sección, quiero desafiarte a que reflexiones sobre lo siguiente:

1. ¿Cuáles son tus metas a corto y largo plazo como empresario?
2. ¿Qué hábitos puedes empezar a construir hoy para alcanzarlas?
3. ¿Qué cambios necesitas hacer para garantizar la calidad y coherencia en tu negocio?

Toma nota de tus respuestas y comprométete a actuar. No dejes que esta reflexión se quede en palabras; conviértela en acción.

Establecer metas, construir hábitos, priorizar la calidad y ser coherente no son tareas fáciles, pero son fundamentales. Cada pequeño esfuerzo que hagas hoy te acercará al empresario excepcional que sabes que puedes ser. La buena noticia es que todo esto está en tus manos, no necesitas de nadie para empezar y transformar tu vida y la de los demás ¡Es hora de dar el paso y construir algo grandioso! **¡El mundo cuenta contigo!**

3.4: Reflexionar sobre la dura autocritica y cómo manejarla.

Empezaré con una pregunta honesta: ¿cuántas veces te has juzgado duramente después de un día difícil en tu negocio? Tal vez te culpaste por no alcanzar las metas, por cometer un error o simplemente porque sentiste que no eras lo suficientemente bueno. Este tipo de pensamiento es más común de lo que crees entre emprendedores, y es una de las luchas más desafiantes que enfrentamos: la autocrítica. Nuestro perfil competitivo nos hace a veces ser exigentes de más con nosotros mismos. Recuerda cual fue tu reacción la última vez que cometiste un error, ¡Ah que *#%& **tonto soy!**

El doble filo: La autocrítica puede ser una herramienta poderosa cuando se usa correctamente. Nos empuja a reflexionar, a buscar mejorar y a no conformarnos con menos de lo que sabemos que podemos lograr. Pero ¡Ojo! Si la dejas correr sin control, puede convertirse en un enemigo silencioso. Ese pequeño crítico interno tiene una habilidad especial para amplificar nuestros miedos, alimentar nuestras inseguridades y robar nuestra confianza.

Ser emprendedor ya es un camino lleno de retos externos: la competencia, los clientes difíciles, la incertidumbre económica. Ahora, imagina cargar con un enemigo interno que constantemente te dice: *"no lo hiciste bien"* o *"nunca serás tan bueno como se debe."* Es como intentar subir una montaña con una mochila llena de piedras. Tarde o temprano, te desgastarás.

Rompiendo el ciclo: Quiero que pienses en esto: cada vez que te juzgas a ti mismo con dureza, le estás quitando energía a tu capacidad de avanzar. ¡Y no podemos permitir eso! Es hora de cambiar el diálogo interno. Aquí tienes algunos pasos prácticos para manejar la autocrítica:

1. **Habla contigo mismo como lo harías con un amigo cercano.**
   Piensa en alguien que amas profundamente. Si esa persona viniera a ti después de cometer un error, ¿qué le dirías? Seguramente lo apoyarías, le recordarías su valor y le darías ánimo para seguir adelante. Ahora, aplícalo contigo mismo. Hablarte con compasión no es un signo de debilidad, es un acto de fortaleza.
2. **Separa los hechos de las emociones.**
   No todas las emociones negativas son señales de fracaso. A veces, son solo el resultado de estar bajo presión. Analiza los hechos: ¿realmente fue un mal día o solo estás exagerando por el estrés? Aprende a cuestionar tus pensamientos en lugar de tomarlos como verdades absolutas.
3. **Transforma los errores en lecciones.**
   La verdad: cada error es una oportunidad para aprender. En lugar de decirte: *"fallé"*, cambia el discurso a: *"Esto es lo que aprendí y cómo lo haré mejor la próxima vez."* Este pequeño cambio de perspectiva tiene un impacto enorme.
4. **Establece metas realistas.**
   Muchas veces, la autocrítica nace de expectativas poco realistas. Sí, sueña en grande, pero no intentes construir un imperio en un día. Divide tus objetivos en

pasos alcanzables y celebra cada avance, por pequeño que sea.

Como herramienta: Quiero dejar algo claro: no estoy diciendo que ignores tus errores o que te conformes. La autocrítica, cuando es equilibrada, puede ser una aliada poderosa. Nos ayuda a mantenernos humildes, a mejorar continuamente y a no caer en la complacencia. Sin embargo, la clave está en mantener el balance. Usa la autocrítica como un espejo para evaluar tu progreso, no como un martillo para golpearte.

Ejercicios para dominar tu crítico interno

Aquí tienes un ejercicio que puedes hacer cada semana:

- **Escribe tres cosas que hiciste bien.** Tal vez cerraste una venta importante, resolviste un problema o simplemente mantuviste la calma en un momento complicado.
- **Anota una cosa que podrías mejorar.** Pero aquí está un tip: Enfócate en una acción específica que tomarás para mejorarla.
- **Termina con una afirmación positiva.** Algo como: *"Estoy aprendiendo cada día y tengo lo que se necesita para triunfar."*

Este simple hábito no solo reducirá la autocrítica destructiva, sino que también fortalecerá tu confianza y claridad.

Un llamado a la acción: Sé tú mayor aliado

Quiero que hagas una promesa aquí y ahora: que serás más amable contigo mismo. El camino del emprendimiento ya tiene suficientes desafíos. No necesitas ser tu peor crítico; necesitas ser tu mayor aliado. Cuando lleguen los momentos difíciles (porque llegarán), quiero que recuerdes algo: cada error que cometas, cada día difícil que enfrentes, te está moldeando en un empresario más fuerte, más sabio y preparado.

El éxito no se trata de no cometer errores, se trata de aprender de ellos y seguir adelante. Así que, ¿qué vas a hacer con esa voz interna que te critica? Mi respuesta: cámbiala por una voz que te impulse. ¡El mundo cuenta contigo, emprendedor! ¡Es hora de que cuentes contigo mismo!

3.5 Elevando tus expectativas y tu potencial como empresario.

Quiero que tomes un momento para reflexionar sobre algo importante: ¿estás jugando a ganar o solo estás jugando a no perder? Esta pregunta puede sonar simple, pero su respuesta define si estás viviendo a la altura de tu verdadero potencial como empresario o si te estás conformando con menos de lo que podrías lograr. Y aquí está la clave: el mundo no necesita más conformistas; necesita visionarios, líderes y personas dispuestas a desafiarse a sí mismas para construir algo extraordinario.

¿Qué esperas de ti mismo?

La primera pregunta que debes hacerte es: ¿qué tan altas son las expectativas que tienes de ti mismo? Si tus metas son cómodas y alcanzables, déjame decirte algo: no estás soñando lo suficientemente en grande. Un empresario exitoso no se conforma con resultados mediocres ni con "lo suficiente". Aspira a más, porque sabe que su negocio es una extensión de sus propios sueños y ambiciones.

No estoy diciendo que el camino sea fácil. Por supuesto, habrá días en los que te preguntarás si vale la pena tanto esfuerzo, habrá momentos de duda, fracasos y obstáculos que parecerán insuperables. Pero cada uno de esos desafíos es una oportunidad para demostrarte a ti mismo de qué estás hecho. Y te lo digo con toda claridad: estás hecho para algo grande.

El poder de elevar tus estándares

Elevar tus expectativas no solo significa querer más dinero o clientes. Significa exigir más de ti mismo en cada aspecto: tu mentalidad, tus hábitos, tu forma de liderar y la calidad de lo que ofreces al mundo. Si tú no crees en tu capacidad para lograr algo extraordinario, ¿cómo esperas que otros crean en ti? Tus estándares son el punto de partida para lo que atraerás en tu negocio y en tu vida.

Imagina a un chef que se conforma con preparar comidas "aceptables". ¿Cuánto tiempo crees que sus clientes seguirán regresando? Ahora, imagina al chef que dedica tiempo, esfuerzo y pasión para crear experiencias culinarias inolvidables. Ese es el que logra que su restaurante se llene día tras día. Como empresario, tú eres ese chef. La calidad de tu trabajo, tu visión y tu compromiso con la excelencia son los ingredientes de tu éxito.

Invierte en ti mismo

Subir tus expectativas significa también invertir en tu propio crecimiento. ¿Cuándo fue la última vez que leíste un libro que te desafiara? ¿Has asistido a talleres, conferencias o eventos donde puedas aprender de otros empresarios? ¿Estás rodeado de personas que te inspiran y te empujan a ser mejor? Si no lo estás haciendo, te estás perdiendo una de las mayores herramientas para crecer: rodearte de conocimiento y de personas que te impulsen a pensar en grande.

La mentalidad de aprendizaje continuo no es opcional, es esencial. El mercado está en constante evolución, y los empresarios que no se adaptan, que no crecen, quedan rezagados. No seas uno de ellos. Conviértete en alguien que siempre está buscando maneras de mejorar, de innovar y de llevar su negocio al siguiente nivel. Tienes la ventaja de que hay muchas opciones de aprender cosas nuevas en línea, en el horario y lugar que te acomoden mejor.

Los límites son solo ilusiones

¿Sabías que muchos de los límites que crees tener están únicamente en tu mente? Tal vez piensas que no tienes suficiente dinero, tiempo o conocimientos para lograr tus objetivos. Pero déjame decirte algo: esos son solo pretextos. La verdadera limitación es la falta de acción, no la falta de recursos. Otra vez, ¿cómo sí? Y ¿cuál es el siguiente paso?

Piensa en los grandes empresarios que han empezado desde cero. Muchos de ellos no tenían dinero, conexiones o incluso educación formal. Lo que sí tenían era una determinación imparable para encontrar soluciones, aprovechar las oportunidades y seguir adelante a pesar de los desafíos. Si ellos pudieron hacerlo, tú también puedes. Lo único que necesitas es la decisión de empezar.

La importancia de subir tus expectativas para tu equipo y clientes

No solo se trata de lo que esperas de ti mismo, sino también de lo que esperas de las personas que trabajan contigo y de tus clientes. ¿Estás formando un equipo que comparta tu visión y esté comprometido con la excelencia? ¿Estás atrayendo a los clientes adecuados, aquellos que valoran lo que ofreces y están dispuestos a pagar por ello? Recuerda, el nivel de tus expectativas define el nivel de resultados que obtendrás.

Sé claro con tu equipo sobre lo que esperas y apóyalos para que alcancen su máximo potencial. Tus expectativas deben inspirar y empoderar, no intimidar. Lo mismo aplica para tus clientes: ofréceles un producto o servicio que no solo cumpla, sino que supere sus expectativas. Ese es el secreto para ganar lealtad y convertir clientes en promotores de tu negocio.

Un llamado a la acción

Ahora es el momento de que tomes una decisión: ¿vas a seguir jugando pequeño o vas a elevar tus expectativas y dar lo mejor de ti mismo? El mundo necesita empresarios que no solo quieran sobrevivir, sino que estén dispuestos a liderar, a innovar y a inspirar a otros con su ejemplo.

Quiero que pienses en este libro como un trampolín. Cada capítulo, cada consejo, está diseñado para ayudarte a convertirte en el empresario que el mundo necesita. Pero al final del día, el cambio empieza contigo. Así que te dejo con este desafío: ¿qué puedes hacer hoy para subir tus expectativas? Tal vez es tomar un curso, establecer una meta ambiciosa o simplemente comprometerte a dejar de conformarte con menos de lo que mereces. Sea lo que sea, empieza ahora. El mundo cuenta contigo. ¡Haz que valga la pena!

3.6 Consejos sobre gestión del tiempo.

El tiempo, ese recurso invaluable que todos tenemos en la misma cantidad pero que muchos desperdician. Como emprendedor, tu tiempo es tu moneda más valiosa, y cómo lo inviertas determinará en gran medida el éxito de tu negocio. Por eso, quiero compartirte algunos consejos prácticos para que gestiones tu tiempo de manera más eficiente y logres maximizar cada minuto de tu día.

Prioriza lo importante, no solo lo urgente

¡Lo urgente le quita tiempo a lo importante! Suena muy trillado, pero es cierto, es fácil dejarse atrapar por las tareas urgentes del día a día: responder correos, atender llamadas inesperadas o solucionar problemas de última hora. Pero ¿cuánto de eso realmente contribuye a tus metas a largo plazo? Una técnica efectiva es aplicar la matriz de Eisenhower: clasifica tus tareas en importantes y urgentes, importantes, pero no urgentes, urgentes, pero no importantes, y ni urgentes ni importantes. Dedica la mayor parte de tu tiempo a lo que tu decidas por conveniencia lo que debes hacer primero.

Te compartiré mi forma personal de organizar pendientes, me llevo tiempo perfeccionarla y adaptarla a mí, pero es muy sencilla:

Listo absolutamente TODAS mis tareas y voy agregando día con día las nuevas que van surgiendo, la primera puntuación que les asigno es la importancia del 1 al 10 en donde 1 es muy poco importante y la 10 es demasiado importante, entonces un 7; por ejemplo; sería importante a secas, y un 4 algo importante. Un criterio complementario es ¿Que tanto me beneficiara si la hago? O ¿qué tanto me perjudicara si la dejo de hacer?

Por favor a todo lo relacionado con tu salud, paz y bienestar y también el bienestar de tus seres cercanos, califícalas con 9 o 10, no seas de los que les cobran a sus hijos la factura del tiempo dedicada al negocio.

Ahora viene la urgencia: 10 = hazlo en este preciso momento (fuegos por apagar), 9 = hazlo dentro de las próximas 4 horas, 8 = hazlo hoy, 7 = Hazlo entre hoy y mañana, 6 = Hazlo dentro de los próximos 3 días, 5 = Hazlo esta semana, 4 = Hazlo esta quincena, 3 = Hazlo este mes, 2 = Hazlo este trimestre y 1 = Hazlo este semestre.

En un principio veras que las actividades con urgencia 10, 9 y 8, (todas para el día de hoy) son demasiadas y no podrás con todas, entonces empieza a hacer los fuegos y luego las más importantes del día, así las que queden pendientes serán las urgentes, pero menos importantes. Si te aplicas bien veras que pronto tus pendientes del día serán solo los más importantes y las urgencias ya no te quitarán productividad. Renueva la clasificación cada 2 o 3 días.

Crea bloques de tiempo dedicados

Multitarea es un mito. Tratar de hacer varias cosas a la vez solo te deja agotado y con resultados mediocres. En lugar de eso, establece bloques de tiempo dedicados a tareas específicas. Por ejemplo, dedica una hora a la planificación estratégica, otra a la revisión de tus finanzas, y otra al seguimiento con clientes clave. Durante estos bloques, elimina distracciones y concéntrate únicamente en esa tarea.

Aprende a decir "no"

Como emprendedor, puede ser tentador decir que sí a todas las oportunidades que llegan a tu puerta. Pero cada "sí" que das significa un "no" a algo más importante. Sé selectivo con tus compromisos y aprende a delegar cuando sea necesario. Decir "no" no te hace menos capaz; te hace más estratégico.

Aprovecha la tecnología

Hoy en día, existen innumerables herramientas diseñadas para ayudarte a gestionar tu tiempo. Desde aplicaciones de gestión de proyectos, hasta calendarios digitales que te ayudan a planificar tu semana. Usa recordatorios, alertas y automatizaciones para mantenerte enfocado y en control.

Evalúa y ajusta continuamente

La gestión del tiempo no es algo estático. Lo que funciona hoy puede no funcionar mañana. Dedica tiempo regularmente a evaluar cómo estás utilizando tus horas y ajusta tus métodos según sea necesario. Haz preguntas como: ¿qué estoy haciendo bien? ¿Qué puedo mejorar? ¿Dónde estoy perdiendo tiempo innecesariamente?

Cuida tus niveles de energía

No se trata solo de gestionar tus horas, sino de cómo aprovechas tu energía durante esas horas. Identifica cuándo eres más productivo durante el día y reserva ese tiempo para tus tareas más importantes. También recuerda tu salud física y mental; un empresario agotado no puede rendir al máximo.

Un amigo tiene una cadena de 10 tiendas de productos para dama, cuando compartió conmigo su información financiera pudimos ver un caso desastroso, de sus 10 tiendas, solo una daba muy buen resultado y 4 de ellas daban resultados razonablemente buenos, las otras 5 no daban buenos resultados. El tenía demasiado trabajo con la operación de las 10 sucursales y más aún porque cada punto de venta que no funciona bien absorbe más tiempo del empresario que los que si funcionan. Al estar tan saturado con la operación descuido el inventario y éste subió demasiado; tenía inventario para 10 meses; esto ocasiono problemas de flujo de efectivo y entonces él llego a un punto de presión que ya no le permitía ver las cosas con claridad y no le dedicaba tiempo a lo importante.

¿Por qué abrir una sucursal más? si no están funcionando bien todas las actuales? A veces, los empresarios caemos en la tentación de hacer crecer nuestro negocio simplemente por el placer de ver el crecimiento, pero no debemos olvidar que un negocio es un generador de riqueza y no un medio para satisfacción personal. Cuando alguien que ha logrado manejar bien 2 sucursales y decide abrir otras 3 en un plazo muy corto de tiempo, se puede esperar que el crecimiento acelerado pueda generar problemas de control y flujo de efectivo. Debemos ser muy celosos de nuestro tiempo y ver en donde vale la pena invertirlo.

En resumen, gestionar tu tiempo de manera efectiva y no desperdiciarlo, no es solo una habilidad útil; es una necesidad. Cada minuto cuenta, y cómo lo uses hará la diferencia entre avanzar hacia tus metas o quedarte estancado. ¡Empieza hoy mismo a tomar el control de tu agenda y observa cómo tu productividad despega!

3.7 Reflexión final:

Quiero que te imagines por un momento frente a un espejo. No solo estás viendo tu reflejo físico; estás viendo a la persona que tiene en sus manos la capacidad de cambiar su futuro, la vida de su familia un impacto en su comunidad. Ese reflejo, ese tú, es el empresario que puede marcar la diferencia. Ahora, pregúntate: **¿estoy siendo la mejor versión de mí mismo?**

Invitación a la grandeza

Quisiera que lo veas con claridad: Cada vez que eliges conformarte, estás cerrando la puerta a un mundo de posibilidades. Pero cuando decides subir tus expectativas, te estás abriendo a un sinfín de oportunidades que te pueden llevar a donde siempre has querido estar.

El éxito no empieza con un gran negocio ni con una cuenta bancaria abultada. Empieza contigo, con tu mentalidad y con las decisiones que tomas cada día. Si hay algo que quiero que te lleves de este capítulo es esto: **tú eres el mayor activo de tu empresa.**

Replantea tus expectativas

Si estás leyendo este libro, es porque sabes que puedes dar más de lo que estás dando hoy y reconoces que necesitas ayuda, y no lo digo como una crítica; lo digo porque creo en ti, porque sé que puedes. A veces, el problema no es que no trabajes lo suficiente o que no tengas las herramientas necesarias. El problema es que te estás limitando. **¿Por qué no aspirar a más?** ¿Por qué no ser ese empresario que lidera con visión, pasión y propósito?

Elevar tus expectativas no significa que tengas que trabajar 20 horas al día o sacrificar tu bienestar. Significa que vas a ser más estratégico, más consciente e intencional en cada decisión que tomes. No se trata de hacer más, sino de hacer mejor.

El poder de creer en ti mismo

Es fácil caer en la trampa de compararte con otros empresarios que parecen tener todo resuelto. Pero quiero recordarte algo: tu camino es único. Tus desafíos son únicos. Y tú éxito, cuando llegue, será completamente tuyo. No permitas que el miedo al fracaso o las dudas apaguen esa chispa que llevas dentro.

Cada paso que das, por pequeño que parezca, es un avance hacia tus metas. No subestimes el poder de la constancia. Si te mantienes enfocado, si sigues creciendo, si continúas elevando tus expectativas, verás resultados que no solo te sorprenderán, sino que también inspirarán a otros.

El mundo cuenta contigo

Recuerda esto: No eres solo un empresario; eres un agente de cambio. Tu negocio tiene el poder de impactar vidas, crear empleos, generar oportunidades y construir un futuro mejor. Cada decisión que tomas, cada paso que das, contribuye a algo más grande que tú mismo. El mundo necesita lo que tienes para ofrecer, y depende de ti hacer que ese impacto sea real.

Así que hoy quiero dejarte con este desafío: **haz una lista de tus expectativas actuales y luego elévalas.** Pregúntate, ¿qué puedo hacer para llevar esto al siguiente nivel? ¿Qué pequeños cambios puedo implementar hoy para acercarme más a esa visión que tengo para mi negocio y mi vida?

3.8 Diagnóstico Empresarial para Micro y Pequeñas Empresas.

DESPIERTA, es tu turno de cambiar al mundo. www.llamadoaléxito.com

Este diagnóstico es ideal para pequeños empresarios que desean evaluar las áreas que intervienen en el camino al éxito, es importante resaltar que TODAS las áreas deben estar fuertes, si no tienes la habilidad para fortalecer alguna área débil, tal vez es la hora de incorporar a tu equipo otros talentos (internos o externos) que te cubran esas áreas.

Instrucciones: Evalúa cada área de tu empresa respondiendo con una puntuación del 1 al 5:

- **1**: Muy deficiente
- **2**: Deficiente
- **3**: Regular
- **4**: Bueno
- **5**: Excelente

ÁREA 1: Finanzas y Control

1. ¿Tu empresa cuenta con un presupuesto mensual definido y actualizado?
2. ¿Llevas un registro claro de ingresos, gastos y utilidades?
3. ¿Tienes suficiente flujo de efectivo para cubrir tus gastos operativos al menos 3 meses?
4. ¿Realizas análisis de costos y márgenes de utilidad regularmente?
5. ¿Conoces y utilizas indicadores financieros clave (como ROI o margen neto)?

ÁREA 2: Ventas y Marketing

6. ¿Tu empresa tiene una estrategia clara para captar nuevos clientes?
7. ¿Tu equipo o tú alcanzan consistentemente las metas de ventas?
8. ¿Utilizas herramientas de marketing digital para promocionar tus productos/servicios?
9. ¿Mides la efectividad de tus campañas de ventas o marketing?

10. ¿Tienes una estrategia definida para retener clientes y generar lealtad?

ÁREA 3: Operaciones y Productividad

11. ¿Tus procesos operativos están documentados y son eficientes?
12. ¿Cuentas con herramientas tecnológicas para automatizar tareas repetitivas?
13. ¿Tu empresa cumple consistentemente con los tiempos de entrega y calidad prometidos?
14. ¿Realizas evaluaciones periódicas para mejorar la eficiencia operativa?
15. ¿Tus productos/servicios tienen estándares claros de calidad?

ÁREA 4: Recursos Humanos y Liderazgo

16. ¿Tu equipo está capacitado para desempeñar sus funciones de manera eficiente?
17. ¿Tienes roles y responsabilidades bien definidas para cada miembro del equipo?
18. ¿Realizas evaluaciones de desempeño y ofreces retroalimentación a tu equipo?
19. ¿Fomentas un ambiente laboral positivo y motivador?
20. ¿Tu liderazgo inspira confianza y claridad en la visión empresarial?

ÁREA 5: Innovación y Adaptabilidad

21. ¿Tu empresa está constantemente buscando nuevas formas de mejorar sus productos/servicios?
22. ¿Estás al tanto de las tendencias y cambios en tu industria?
23. ¿Adoptas nuevas tecnologías o herramientas que pueden mejorar tu negocio?
24. ¿Tu empresa tiene la capacidad de adaptarse rápidamente a cambios inesperados?

25. ¿Evalúas regularmente el feedback de clientes para innovar o mejorar?

Interpretación de Resultados

1. **Suma los puntajes de cada área (máximo: 25 puntos por área).**
2. **Clasificación por área:**
   - **20-25 puntos:** Área sólida.
   - **15-19 puntos:** Área funcional, pero necesita mejoras.
   - **Menos de 15 puntos:** Área crítica que requiere atención urgente.
3. **Enfócate primero en las áreas críticas** (las de menor puntaje), ya que suelen ser cuellos de botella que afectan el rendimiento general de la empresa.

Ejemplo de Análisis

Supongamos que una empresa obtiene los siguientes puntajes:

- Finanzas: **18** (funcional, mejorar control de flujo de efectivo).
- Ventas y Marketing: **12** (crítica, requiere estrategia clara de captación).
- Operaciones: **20** (sólida, procesos eficientes).
- Recursos Humanos: **14** (crítica, necesita roles claros y retroalimentación).
- Innovación: **16** (funcional, mejorar adopción de tecnologías).

Plan de acción inicial:

1. Desarrollar una estrategia de ventas y marketing.
2. Capacitar al equipo y definir roles claros en Recursos Humanos.

CAPITULO 4: TU TIMON DEL CRECIMIENTO, MARKETING.

4.1 La responsabilidad de marketing.

Quiero que te imagines por un momento que tu negocio es un barco navegando en aguas turbulentas. El marketing, amigo mío, no es el ancla ni las velas, es el timón. Sin él, no importa cuánta fuerza pongas, siempre estarás a merced de las corrientes. Y tú, como emprendedor, tienes que tomar ese timón con firmeza. La responsabilidad de liderar el marketing de tu negocio es tuya, y solo tuya. No dejes que otros decidan el rumbo mientras tú simplemente observas desde la cubierta.

Generalmente se piensa que el marketing se limita a comunicar tu oferta de valor a tus clientes por diferentes medios, pero no es así, el marketing empieza con el conocimiento necesario del mercado, ¿qué necesidad resolvemos? ¿Qué nichos (secciones de mercado) están descubiertos? ¿Contra quién compito? ¿Qué desempeño tenemos? ¿Qué característica tiene mi target (cliente objetivo)? En concreto: creación de la oferta, comunicación y promoción de ésta.

Hay un error común entre los emprendedores: pensar que el marketing es un lujo reservado para empresas grandes con presupuestos millonarios. ¡Nada más alejado de la realidad! El marketing es el corazón de cualquier negocio, pequeño o grande. Si no estás invirtiendo tiempo y recursos en **conocer, crear, dirigir y comunicar tu valor**, en conectar con tus clientes, estás dejando que tu negocio opere en piloto automático. Y seamos honestos, ¿cuándo ha funcionado el piloto automático en situaciones críticas?

Es la herramienta que traduce todo el esfuerzo que pones en tu producto o servicio en resultados tangibles. Es la voz que le dice al mundo: "¡Aquí estoy, y esto es lo que tengo para ofrecerte!" Sin marketing, no importa cuán bueno seas en lo que haces, la gente simplemente no lo sabrá. Pudiera ser que tu oferta de valor sea mejor que tu competencia, pero si no comunicas bien al cliente correcto, te ganarán.

El emprendedor como líder de marketing

Puede que tengas un equipo, un amigo creativo o incluso una agencia que maneje tus redes sociales. Pero aquí viene la parte crucial: la estrategia de marketing no es algo que puedas delegar por completo. ¡No! Tú eres quien conoce mejor tu negocio, tu mercado y tus sueños. La dirección estratégica tiene que venir de ti. Nadie más puede transmitir la pasión que sientes por lo que haces ni comunicarlo con la autenticidad que solo tú puedes ofrecer.

Un error común es pensar: "Yo no soy bueno en marketing, así que mejor se lo dejo a otros, puedes dejar una buena parte del trabajo a tu equipo, pero debes involucrarte y ser el experto.

El marketing como inversión, no un gasto

"Es que no tengo presupuesto para marketing," es una frase que he escuchado más veces de las que puedo contar. Pero permíteme cambiarte la perspectiva. El marketing no es un gasto; es una inversión. Cada peso que inviertes en una campaña, en un anuncio, en una estrategia, tiene el potencial de regresar a ti multiplicado.

Piensa en esto: ¿cuánto estás dispuesto a gastar en producir tu producto o servicio? Ahora pregúntate, ¿de qué sirve tener un producto excelente si nadie sabe que existe? Ahí es donde entra el marketing. Es el puente entre lo que haces y los resultados que quieres lograr. No verlo como una prioridad es como construir un castillo en medio de la nada sin caminos que conduzcan a él.

¿Sabes realmente qué es lo que hace único a tu negocio? ¿Puedes explicarlo en una frase breve pero poderosa? Si no puedes, es momento de reflexionar y trabajar en ello. Porque el marketing efectivo comienza con una propuesta de valor clara. Es la promesa que haces a tus clientes, el motivo por el cual deberían elegirte a ti y no a tu competencia.

Comunicar tu propuesta de valor no se trata solo de palabras bonitas. Se trata de ser honesto, auténtico y específico. ¿Cómo tu producto o servicio mejora la vida de las personas? ¿Qué problema resuelve? ¿Qué emociones despierta? Las respuestas a estas preguntas son el corazón de tu estrategia de marketing.

Construyendo conexiones emocionales

El marketing efectivo no solo vende, crea relaciones. Hoy en día, los clientes no buscan solo productos; buscan experiencias, emociones y conexiones. Quieren sentir que están comprando algo que tiene un propósito, que está alineado con sus valores. Por eso, una de tus responsabilidades como líder de marketing es humanizar tu marca, mostrar el lado auténtico de tu negocio.

Cuenta tu historia. Habla de tus valores, de los retos que has superado, de lo que te impulsa a seguir adelante. Cuando los clientes ven el corazón detrás de una empresa, es más probable que se conecten emocionalmente con ella y se conviertan en clientes leales.

Un llamado a la acción

Así que aquí tienes el desafío: asume el control de tu marketing, tú eres el capitán de esta nave. Analiza tu mercado, define tu mensaje, invierte en herramientas efectivas y, sobre todo, nunca dejes de aprender. Recuerda, el marketing no es un destino, es un viaje constante de adaptación y mejora.

Empieza ahora. Piensa en una acción concreta que puedas tomar esta semana para mejorar tu estrategia de marketing. Tal vez sea escribir tu propuesta de valor, analizar a tu competencia o lanzar tu primera campaña en redes sociales. Lo importante es dar ese primer paso. ¡El mundo necesita lo que tienes para ofrecer, pero depende de ti asegurarte de que lo sepan!

4.2 Conoce bien a tu cliente.

¿Sabes realmente quién es tu cliente? No me refiero solo a su edad, género o lugar de residencia, sino a lo que lo mueve, a sus deseos más profundos y a los problemas que le quitan el sueño. ¿No tienes una respuesta clara? Muchos emprendedores cometen el error de lanzar sus productos o servicios al mercado sin dedicar tiempo a conocer a quién realmente están intentando servir, pero aquí está la verdad: cuanto mejor conozcas a tu cliente, más fácil será conectar con él y construir una relación que trascienda una simple transacción.

Más allá de los números: Humaniza a tu cliente

Es tentador reducir a los clientes a estadísticas y datos demográficos. Sí, es útil saber que el 60% de tus compradores tienen entre 25 y 40 años o que la mayoría vive en ciudades grandes, etc. pero esos datos no cuentan toda la historia. Tus clientes son personas reales, con sueños, frustraciones y expectativas. Si quieres destacarte en el mercado, tienes que ir más allá de los números y entender lo que realmente importa para ellos.

Haz preguntas: ¿qué les emociona? ¿Qué les preocupa? ¿Qué esperan resolver al comprar tu producto o servicio? Este nivel de comprensión no solo te ayudará a ofrecer soluciones más relevantes, sino que también hará que tus clientes se sientan valorados. Y cuando las personas sienten que realmente las entiendes, te lo recompensan con lealtad.

Escucha más, habla menos

Aquí viene una lección crucial: El marketing efectivo no se trata de ti ni de tu negocio; se trata de tus clientes. Por eso, en lugar de gastar todo tu tiempo hablando de lo grandioso que es tu producto, dedica más tiempo a escuchar. Usa encuestas, entrevistas o simplemente conversa con tus clientes. Las redes sociales también son un tesoro de información; fíjate en los comentarios, reseñas y mensajes que recibes, ahora tenemos la herramienta de la inteligencia artificial para darnos una buena parte de la información.

Escuchar activamente te dará una ventaja competitiva enorme porque te permitirá identificar necesidades no satisfechas. Y no solo eso, también te dará pistas sobre cómo los clientes perciben tu marca, lo que puedes mejorar y qué aspectos de tu oferta les encantan.

Identifica los problemas que tu cliente quiere resolver

Aquí está el núcleo del asunto: Las personas no compran productos, compran soluciones. Si logras identificar los problemas que tus clientes enfrentan y cómo tu producto puede resolverlos, tendrás una fórmula ganadora. Por ejemplo, si vendes ropa deportiva, tu cliente no solo está comprando un conjunto para hacer ejercicio; está buscando comodidad, estilo y confianza para enfrentar su rutina diaria. Si ofreces servicios financieros, tu cliente no solo quiere un préstamo; quiere estabilidad, seguridad y tranquilidad.

Haz un ejercicio práctico: Toma tu producto o servicio y haz una lista de los problemas específicos que resuelve. Luego, pregúntate cómo puedes comunicar esas soluciones de manera clara y directa. Recuerda que cuanto más específico seas, más resonará tu mensaje.

Segmenta a tus clientes para atenderlos mejor

No todos tus clientes son iguales. Algunos pueden estar buscando la solución más económica, mientras que otros valoran más la calidad o la experiencia. Por eso, es fundamental segmentar a tus clientes en grupos según sus necesidades, comportamientos o preferencias. Esto te permitirá personalizar tus mensajes y ofrecer algo que realmente les hable a ellos.

Por ejemplo, si tienes una cafetería, podrías tener un segmento de clientes que busca café rápido y económico para llevar al trabajo, y otro segmento que prefiere sentarse a disfrutar de una experiencia más relajada con café de especialidad. Entender estas diferencias te ayudará a diseñar ofertas específicas para cada grupo y a optimizar tus esfuerzos de marketing.

Construye relaciones, no solo ventas

Conocer a tu cliente también significa construir una relación a largo plazo. Esto no se trata de vender una vez, sino de crear una conexión que haga que tu cliente quiera regresar una y otra vez. La clave aquí es la confianza. Cuando un cliente siente que realmente te importa su bienestar, que no solo quieres venderle algo, es mucho más probable que se convierta en un embajador de tu marca.

Un llamado a la acción

Manos a la obra. Tómate un tiempo esta semana para profundizar en el conocimiento de tus clientes. Habla con ellos, hazles preguntas y escucha con atención. ¿Qué puedes aprender que aún no sabías? Luego, usa esa información para ajustar tu oferta de valor, tu mensaje y mejorar tu estrategia.

El mundo está lleno de negocios que se limitan a vender productos, pero pocos realmente se toman el tiempo de conocer a las personas que están detrás de cada compra. Si tú logras destacar en este aspecto, estarás construyendo una base sólida para el éxito de tu negocio. ¡Recuerda, el mundo cuenta contigo, emprendedor! Y tus clientes también.

4.3 Define a tu cliente idóneo.

Imagina que estás lanzando un mensaje en una habitación llena de gente, pero solo una pequeña parte de ellos está interesada en lo que tienes que decir. Así es el mercado. Por eso, si quieres destacar, necesitas dirigirte directamente a las personas correctas: tu cliente idóneo. Este no es cualquier cliente, es aquel que realmente necesita lo que ofreces, está dispuesto a pagarlo y se convertirá en un fan de tu marca. Definir a tu cliente idóneo no solo es esencial para vender más, también lo es para construir un negocio sólido y duradero.

Un prestigiado violinista decidió tocar en una estación del metro, pocas gentes lo tomaban en cuenta y solo algunos ponían una moneda en su sombrero, al cabo de una hora logró juntar 5 dólares; al siguiente día hizo una presentación para la que ya estaba contratado en un prestigioso teatro de la misma ciudad, hubo lleno total, y el cobró $50,000.00 dólares. La plaza era la misma pero el público no, sus clientes idóneos fueron los que pagaron la entrada al teatro.

¿Por qué es importante definir a tu cliente idóneo?

Tratar de venderle a todo el mundo. Es fácil pensar que más clientes significa más ventas, pero la realidad es otra. Cuando intentas abarcar demasiado, terminas conectando con nadie. Por eso, definir a tu cliente idóneo no es limitar tu mercado, es enfocarte en aquellos que realmente valoran lo que haces.

Un cliente idóneo es aquel que no solo compra tu producto, sino que lo hace con entusiasmo, lo recomienda y regresa por más. Este cliente no regatea tus precios ni te pone excusas, porque entiende el valor de lo que ofreces. Al centrarte en este tipo de cliente, optimizas tus recursos, tiempo y esfuerzo, y obtienes resultados más efectivos.

Crea el perfil de tu cliente idóneo

El primer paso para definir a tu cliente idóneo es crear un perfil detallado. No basta con decir: "Mi cliente es alguien que quiere comprar X". Necesitas conocerlo a fondo, como si fuera un amigo cercano. Hazte preguntas como:

- ¿Qué edad tiene?
- ¿Dónde vive?
- ¿Cuáles son sus intereses y pasatiempos?
- ¿Qué problemas enfrenta en su día a día?
- ¿Qué lo motiva a comprar?
- ¿Cómo toma decisiones?

Por ejemplo, si ofreces un servicio de asesoría financiera, tu cliente idóneo podría ser un profesional de entre 30 y 45 años, que busca estabilidad económica para su familia y quiere aprender a manejar mejor sus ingresos. Con este nivel de detalle, puedes enfocar tu mensaje directamente en sus necesidades.

Segmenta para conectar mejor

No todos tus clientes idóneos son iguales. Dentro de este grupo, puedes identificar subsegmentos con características específicas. Supongamos que tienes un negocio de pastelería. Tus clientes podrían incluir:

1. **Parejas jóvenes planeando bodas**: Buscan pasteles de alta calidad con diseños personalizados.
2. **Familias celebrando cumpleaños infantiles**: Quieren algo delicioso, divertido y asequible.
3. **Amantes de los postres premium**: Valoran ingredientes de alta calidad y una experiencia gastronómica única.

Cada subsegmento tiene necesidades, deseos y prioridades distintas. Al segmentar, puedes personalizar tus ofertas y mensajes para conectarte mejor con cada grupo. ¿Te imaginas lo poderoso que sería tener una oferta tan específica que cada cliente sienta que fue hecha exclusivamente para él?

Entender no solo qué necesita, sino cómo se siente. Las decisiones de compra no son completamente racionales; están impulsadas por emociones. Tu cliente quiere sentirse valorado, seguro, feliz o empoderado. Si logras conectar con esas emociones, tienes una ventaja competitiva enorme.

La diferencia entre cliente y consumidor

Es importante hacer una distinción entre cliente y consumidor. El cliente es quien compra, pero el consumidor es quien usa el producto o servicio. En algunos casos, pueden ser la misma persona, pero en otros no. Si vendes juguetes, tu cliente podría ser un padre o una madre, mientras que el consumidor es su hijo. Este matiz es clave porque debes abordar las necesidades tanto del cliente como del consumidor en tu estrategia.

En este caso, podrías resaltar cómo tus juguetes son seguros y educativos para los padres, mientras que son divertidos y emocionantes para los niños. ¡Esa combinación es oro puro!

Un cliente bien definido, un negocio bien dirigido

Definir a tu cliente idóneo no es solo un ejercicio teórico, es una práctica que transformará tu negocio. Todo se vuelve más claro: desde cómo diseñar tus productos hasta cómo comunicarte en redes sociales. Incluso tu presupuesto de marketing se optimiza porque ya no estás tratando de llegar a todos, sino solo a quienes realmente importan.

Recuerda, el objetivo no es atraer solo más clientes, sino atraer a los clientes correctos. Esos que te eligen por el valor único que ofreces y que se convierten en tus mayores promotores. Así que, emprendedor, ¡es hora de tomar acción! Dedica tiempo a definir a tu cliente idóneo y verás cómo tus esfuerzos comienzan a rendir frutos. **¡El mundo cuenta contigo, emprendedor, y tus clientes también!**

4.4 Precio bajo vs experiencia emocional del cliente.

Cuando piensas en cómo posicionar tu negocio, es fácil caer en la trampa de competir solo por precio. Tal vez pienses que, si cobras menos que los demás, tendrás más clientes. Suena lógico, ¿verdad? Pero déjame decirte algo que podría sorprenderte: el precio bajo rara vez es la razón por la que los clientes se quedan contigo. La experiencia emocional que les ofreces vale mucho más.

Piensa en esa cafetería que visitas no solo por el café, sino porque te llaman por tu nombre, conocen tu orden favorita y te hacen sentir especial. ¿Es el café más barato de la ciudad? Probablemente no. Pero sigues regresando porque lo que realmente estás comprando no es solo una bebida caliente; es una conexión, una experiencia que te hace sentir valorado. Así que, emprendedor, es hora de dejar de obsesionarte con competir por precio y empezar a crear experiencias memorables.

El precio bajo tiene sus riesgos

Competir solo por precio puede ser una estrategia peligrosa. Primero, porque siempre habrá alguien dispuesto a ofrecer lo mismo por menos. Segundo, porque los clientes que solo buscan precios bajos son los menos leales. Si encuentran algo más barato mañana, se irán sin pensarlo dos veces. Además, mantener precios bajos puede llevarte a comprometer la calidad, y eso es un camino directo al fracaso.

Es importante que entiendas que el precio no es el único factor en la decisión de compra. De hecho, estudios han demostrado que los clientes están dispuestos a pagar más si reciben un excelente servicio, productos de calidad y, sobre todo, una experiencia emocional positiva.

Hablando de transporte, un pequeño vehículo económico y confiable puede resolver todas nuestras necesidades de transporte, nos llevaría a todos lados, refacciones económicas y fáciles de conseguir, ¡Aprobado! ¿Entonces porque 3 de las 6 marcas de automóviles más valiosas del mundo son de lujo?, así es, son Mercedes Benz, BMW y Porsche porque la gente paga mucho más por otras necesidades emocionales que por transporte solamente. De cada $10.00 que paga por estas marcas, solo $3.00 tienen que ver con transporte, los otros $7.00 (el mayor monto) son por seguridad, lujo, estatus, desempeño, etc.*Fuente: El CIO

¿Qué es la experiencia emocional del cliente?

La experiencia emocional del cliente es cómo se siente alguien al interactuar con tu negocio. Va más allá del producto o servicio que vendes. Es la suma de todos los momentos, desde cómo respondes un mensaje hasta cómo presentas tu marca. ¿Tu cliente se siente entendido, valorado, inspirado? Esas emociones son las que los harán regresar una y otra vez.

Precio bajo o valor percibido: ¿qué prefieres ofrecer?

Aquí está la clave: No se trata de bajar tus precios, sino de aumentar el valor percibido. Cuando un cliente siente que lo que obtiene vale más de lo que paga, el precio se convierte en un factor secundario. Entonces, en lugar de centrarte en ser el más barato, pregúntate: ¿cómo puedo hacer que mi cliente sienta que está obteniendo mucho más?

Esto puede incluir:

- **Atención al cliente excepcional:** Responde rápido, escucha sus preocupaciones y haz que se sientan importantes.
- **Productos de calidad:** La calidad siempre será un diferenciador poderoso. Si tu producto cumple (o supera) lo prometido, el precio deja de ser una barrera.
- **Detalles únicos:** Sorprende a tus clientes con pequeños gestos que no esperan, como un agradecimiento personalizado, descuentos exclusivos o un detalle en su compra.
- **Experiencia integral:** Desde el diseño de tu página web hasta el empaque de tus productos, todo debe reflejar profesionalismo y cuidado.

Ejemplos reales que inspiran

Grandes marcas han entendido este principio a la perfección. Apple, por ejemplo, no compite por precio. Sus productos son más caros que los de la competencia, pero sus clientes están dispuestos a pagar porque ofrecen algo más que tecnología: ofrecen diseño, exclusividad y una experiencia de usuario inigualable. Otro ejemplo es Starbucks, donde no solo compras café, sino un ambiente que te invita a relajarte o trabajar. La gente paga más porque la experiencia lo vale.

Pero no necesitas ser una gran corporación para aplicar esta estrategia. Conozco a un emprendedor que vende chocolates artesanales. No son los más baratos del mercado, pero la presentación, los sabores únicos y la historia detrás de cada chocolate hacen que sus clientes estén dispuestos a pagar más. Es un ejemplo perfecto de cómo una experiencia emocional puede superar cualquier barrera de precio.

Construye lealtad a través de la experiencia

Cuando inviertes en la experiencia emocional de tus clientes, estás construyendo lealtad. Estos clientes no solo regresarán, sino que también hablarán de ti a sus amigos, te recomendarán y defenderán tu marca frente a la competencia.

En otras palabras, la experiencia emocional es la semilla para cultivar embajadores de marca.

Reflexión: Así que, emprendedor, no te obsesiones con ser el más barato. En lugar de eso, concéntrate en ser el mejor en ofrecer una experiencia que deje huella. Piensa en cómo puedes emocionar, sorprender y conectar con tus clientes. Recuerda, el precio es temporal, pero la experiencia emocional puede durar para siempre.

Ahora, pregúntate: ¿qué puedes hacer hoy para mejorar la experiencia emocional de tus clientes? ¡Es hora de actuar! El mundo cuenta contigo y con la calidad de lo que ofreces.

4.5 Propuesta única de valor: Tu diferencia competitiva.

Si tu negocio fuera una persona en una sala llena de gente, ¿por qué alguien querría hablar contigo y no con los demás? Esa es la esencia de tu **propuesta única de valor (PUV)**, y es una de las claves más poderosas para destacar en un mercado cada vez más saturado. Sin una propuesta clara y contundente, corres el riesgo de ser simplemente "uno más". Pero, emprendedor, tú no eres "uno más". Tienes algo único que ofrecer al mundo, y hoy vamos a encontrarlo juntos.

¿Qué es una propuesta única de valor?

La PUV es la razón por la cual tus clientes eligen tu negocio en lugar de otro. Es lo que hace que te recuerden, que te prefieran y que regresen. Puede ser el producto que ofreces, la forma en que lo entregas, la experiencia que brindas o incluso los valores que representas. Pero, sobre todo, es la promesa que haces y cumples cada vez que alguien interactúa contigo. ¡No te alarmes! No tiene que ser una PUV única en el mundo, basta con que lo sea en tu área de acción. También puedes optar por combinar un par de ellas.

Por ejemplo, piensa en una panadería local que no solo vende pan, sino que lo hornea con recetas familiares transmitidas por generaciones. Su PUV no es simplemente el pan, sino la conexión emocional que crean al ofrecer su historia, algo auténtico y hecho con amor. ¿Ves la diferencia?

Identificar tu propuesta única de valor

Descubrir tu PUV requiere reflexión y honestidad. Aquí tienes algunos pasos prácticos:

1. **Conoce a tu cliente ideal:** ¿qué necesitan realmente? ¿Qué valoran más? No te límites a su perfil demográfico; entiende sus emociones, sus problemas y sus aspiraciones.
2. **Haz un inventario de tus fortalezas:** ¿qué haces mejor que la competencia? Tal vez sea la calidad de tus productos, tu atención personalizada o la rapidez de tu servicio. ¿Qué hacen en otros mercados que podría hacer yo?
3. **Investiga a tu competencia:** No para copiar, sino para identificar qué ofrecen y qué no. Busca los vacíos que tú podrías llenar.
4. **Define tu promesa:** Tu PUV debe ser una promesa clara. Por ejemplo, si tienes un gimnasio, tu promesa podría ser: "Transforma tu cuerpo en 90 días con entrenamientos personalizados y apoyo continuo."

Diferenciarse no es complicado

Muchos emprendedores piensan que diferenciarse significa reinventar la rueda, pero no es así. A menudo, son los pequeños detalles los que marcan la diferencia. Una florería puede destacar por ofrecer ramos empaquetados de manera artística y entregas con notas personalizadas. Un servicio de limpieza puede diferenciarse por usar productos ecológicos y garantizar satisfacción al 100%.

La clave está en encontrar aquello que resuene emocionalmente con tus clientes. Las personas no compran productos o servicios; compran soluciones, emociones y experiencias. Hay 3 pruebas de fuego que debe de cumplir tu PUV:

1.- Que tu cliente la note; es decir; que se dé cuenta, que la perciba con facilidad. Si no la noto, esa PUV definitivamente no es lo suficientemente poderosa.

2.- Que le agrade: Que conecte con ella, que le hable al oído, que le mueva las emociones.

3.- Que te la pague: Que le agrade tanto que tome su cartera, saque dinero y pague por ella el valor justo y conveniente para todos.

Comunica tu propuesta de forma efectiva

De nada sirve tener una PUV increíble si nadie la conoce. Asegúrate de que esté presente en cada punto de contacto con tus clientes: tu sitio web, tus redes sociales, tu empaque, incluso en cómo respondes a los mensajes. Cada interacción debe reforzar lo que te hace único.

Por ejemplo, si tu PUV es ofrecer atención personalizada, asegúrate de que tus empleados estén capacitados para recordar los nombres de los clientes frecuentes y preguntar por sus preferencias. Si tu negocio se basa en la sostenibilidad, muéstralo en cada detalle, desde tus materiales hasta cómo reduces el impacto ambiental. Recuerda la coherencia, tema que ya vimos en líneas anteriores.

Ejemplos que inspiran

Pensemos en marcas reconocidas que han construido su éxito sobre una PUV clara:

- **Tesla:** Su propuesta no es solo vender autos eléctricos, sino liderar la revolución hacia un futuro sostenible. Sus clientes no solo compran un auto, compran innovación y una visión de cambio.
- **Zappos:** Su PUV es ofrecer el mejor servicio al cliente, con políticas de devolución flexibles y una atención que va más allá de lo esperado.
- **Patagonia:** Esta marca de ropa para actividades al aire libre ha construido su PUV alrededor de la sostenibilidad y el compromiso ambiental, lo que conecta emocionalmente con sus clientes.

¿Notas cómo estas empresas no compiten solo por precio? Han identificado lo que las hace únicas y han construido todo su negocio alrededor de eso.

Errores comunes al definir tu PUV

1. **Ser demasiado genérico:** "Ofrecemos calidad y buen servicio" no es suficiente. Todos dicen eso. Sé específico.
2. **No cumplir lo prometido:** Tu PUV debe ser una promesa que puedas respaldar con acciones.
3. **Ignorar la experiencia del cliente:** Si tu PUV no impacta emocionalmente a tu cliente, es probable que no sea lo suficientemente fuerte.

Reflexión: Tu propuesta única de valor es mucho más que una frase bonita; es el corazón de tu negocio. Es lo que te diferencia en un océano lleno de opciones y lo que convierte a clientes ocasionales en embajadores leales. Así que, emprendedor, no subestimes el poder de encontrar lo que te hace único. Trabaja en ello, refínalo y grítalo al mundo con orgullo.

Ahora te dejo con esta pregunta: ¿cuál es esa chispa que hace que tu negocio sea inolvidable? ¡Descúbrela y deja que brille!

4.6 Conoce tu competencia: Aprende del juego para ganar.

¿Sabías que uno de los mayores errores que cometen los emprendedores es ignorar o subestimar a su competencia? Muchos caen en el pensamiento de que, si trabajan duro y ofrecen un buen producto o servicio, automáticamente triunfarán. ¡Error! Conocer a tu competencia no solo es una estrategia inteligente, es esencial para posicionarte y destacar en el mercado.

¿Por qué es importante conocer a tu competencia?

Imagina que estás jugando un partido de ajedrez sin saber qué movimientos hace tu oponente. ¿Cómo podrías ganar si no tienes idea de lo que está haciendo? Lo mismo ocurre en los negocios. Conocer a tu competencia te da una ventaja estratégica. Puedes aprender de sus fortalezas, evitar sus errores y encontrar esos puntos débiles que tú puedes aprovechar.

No se trata de obsesionarte con ellos ni de copiar lo que hacen, sino de usar la información a tu favor. Cada movimiento que realices en tu negocio debe estar respaldado por un conocimiento profundo de tu entorno competitivo.

Cómo investigar a tu competencia

Aquí te dejo un método práctico y sencillo para analizar a tu competencia:

1. **Identifica quiénes son tus competidores directos e indirectos:** Los directos son los que ofrecen productos o servicios similares a los tuyos. Los indirectos son aquellos que, aunque no ofrecen lo mismo, satisfacen necesidades similares. Por ejemplo, si tienes una cafetería, tu competencia directa son

otras cafeterías, pero también lo son los minimercados que venden café para llevar.
2. **Estudia su propuesta de valor:** ¿qué prometen? ¿Qué los hace únicos? Analiza cómo comunican sus fortalezas y si estas conectan emocionalmente con su público.
3. **Evalúa su presencia en el mercado:** Revisa su sitio web, redes sociales, reseñas en línea y hasta la experiencia en sus puntos de venta. Observa cómo interactúan con sus clientes y qué tan efectivos son en generar lealtad.
4. **Investiga sus precios:** ¿están compitiendo por precio o por valor agregado? Esto te dará una buena idea sobre cómo posicionarte mejor.
5. **Identifica sus debilidades:** No todas las empresas hacen todo bien. Busca las áreas en las que están fallando, porque ahí es donde tú puedes brillar.

Lo que puedes aprender de ellos

Conocer a tu competencia no es solo para criticar, es para aprender. Pregúntate: ¿qué están haciendo bien que podrías adaptar a tu negocio? Tal vez tienen una estrategia de marketing que conecta mejor con el público o procesos más eficientes que podrías replicar con tu propio toque.

Por ejemplo, si descubres que un competidor ha implementado un sistema de recompensas para fidelizar clientes y les está funcionando, puedes explorar algo similar, pero ajustado a tu identidad de marca.

Cómo diferenciarte en un mercado saturado

Cuando conoces a tu competencia, puedes encontrar formas de destacar. Aquí te dejo algunos consejos:

- **Sé auténtico:** No intentes ser una copia de nadie. Usa la información que recopiles para resaltar lo que te hace único. Recuerda tu pasión y tus valores.

- **Apuesta por la innovación:** Si tu competencia sigue haciendo lo mismo, atrévete a ser diferente. Los clientes valoran las propuestas frescas y novedosas.
- **Ofrece una experiencia memorable:** A veces, la diferencia no está en el producto, sino en cómo lo entregas. ¿Puedes ofrecer un servicio más rápido, más amigable, o más personalizado?

Errores comunes al analizar a la competencia

1. **Quedarte atrapado en la comparación:** Enfócate en lo que puedes mejorar, no en competir por competir.
2. **Subestimar o sobreestimar a tus competidores:** Ni son invencibles ni insignificantes. Sé realista al evaluar su impacto en tu negocio.
3. **No actuar con la información:** Conocer a tu competencia no sirve de nada si no lo usas para ajustar tu estrategia.

Reflexión: Emprendedor, conocer a tu competencia no es solo una táctica; es una obligación si quieres destacar. Pero recuerda: el objetivo no es destruirlos, sino construir tu éxito aprendiendo del entorno. El mercado es amplio, y siempre habrá espacio para alguien que haga las cosas de manera diferente y con propósito.

Así que aquí está tu desafío: Elige tres competidores y dedícale tiempo a investigarlos. Analiza sus fortalezas y debilidades, y piensa en cómo puedes usar esa información para mejorar tu negocio. ¡Te sorprenderá lo que puedes descubrir!

4.7 Herramientas para impulsar tus ventas: Promoción.

Para mí una de las herramientas más potentes que hay para promover ventas en mercados tradicionales, es la fuerza de ventas, pero ese punto lo veremos en el siguiente capítulo.

Las herramientas adecuadas pueden ser el factor decisivo entre un negocio que se mantiene y uno que despega. En el competitivo mundo del emprendimiento, no basta con tener un buen producto o servicio; necesitas estrategias concretas para ponerlo en el mercado. Y eso, querido emprendedor, ¡Está al alcance de tu mano!

Vamos a dividir la promoción en 2 sencillas ramas: 1.- La parte de comunicar tu oferta de valor a tu mercado meta, se puede llamar también publicidad. Y 2.- La parte de crear estrategias para incentivar a un cliente a comprar, le llamo, promoción de ventas o más fácil aun, ofertas.

1.- Publicidad: En esta parte no tocare puntos muy complejos para elaborar costosas campañas, si tú tienes esa necesidad de algo así, no es en este libro donde conseguirás esa información, veremos las opciones que están al alcance de las Mipymes.

Las redes sociales no son solo para compartir fotos de comida o memes; son herramientas poderosas para conectar con tu audiencia. Plataformas como Instagram, Facebook, TikTok y LinkedIn ofrecen oportunidades únicas para mostrar tu propuesta de valor, interactuar con clientes potenciales y, lo más importante, cerrar ventas.

- **Define tu objetivo:** Antes de lanzar cualquier campaña, pregúntate: ¿qué quiero lograr? ¿Más seguidores? ¿Más visitas a mi página? ¿Más conversiones?
- **Elige la plataforma:** Dependiendo del rango de edad, debes elegir la plataforma en la que más se muevan, en la que más interactúen, mientras más nueva es la plataforma, atrae a mercados más jóvenes,

aunque si necesitas hablar con gremios o grupos de alguna profesión u oficio, Facebook es la indicada.
- **Contenido atractivo:** Publica imágenes de calidad, videos impactantes y textos que conecten emocionalmente con tu audiencia. Recuerda: no estás vendiendo un producto; estás ofreciendo una solución o experiencia. Tu oferta de valor.
- **Publicidad pagada:** Las plataformas sociales ofrecen opciones de anuncios segmentados. Por ejemplo, puedes llegar a madres jóvenes interesadas en productos orgánicos o a ejecutivos en busca de servicios de coaching.
- **Email marketing:** Algunas plataformas te permiten enviar correos personalizados a cientos de clientes en minutos. Desde promociones hasta recordatorios, el correo electrónico sigue siendo una estrategia efectiva para generar ventas.
- **Chatbots:** Implementa asistentes virtuales en tu sitio web o redes sociales para responder preguntas frecuentes y guiar a tus clientes en el proceso de compra.

Si tu conseguiste un cliente del otro lado del país, no tienes que hacer campaña nacional para llegar a él, puedes solicitarles a las plataformas, que publiquen exclusivamente en su código postal.

CRM (Gestión de Relación con Clientes): Te ayudan a organizar información sobre tus clientes, como preferencias y compras anteriores, para personalizar tu comunicación y cerrar ventas más rápido.

Un dato muy interesante es que, al buscar contactar mujeres, adicionalmente del rango de edad (que siempre es importante), debemos de considerar que, muy independiente al rango de edad, la maternidad suele cambiar completamente sus gustos y preferencias, entre 2 chicas de 28 años, una es la supermujer y la otra es la supermamá...

Publicidad impresa: Puede parecer anticuado, pero te sorprenderá que los posters, folletos o revistas, siguen siendo muy eficaces en algunos mercados tradicionales.

Alianzas comerciales: Si tienes forma de hacer un trato con empresas o marcas que se dirijan a mercados iguales pero que no sean competencia, hazlo, tu promueves sus productos entre tus clientes y ellos promueven tus productos.

2.- Ofertas irresistibles: Haz que sea imposible decir "no" ¿a quién no le gustan las ofertas? Pero cuidado: no se trata de regalar tu trabajo, sino de presentar algo tan atractivo que los clientes sientan que están ganando más de lo que pagan.

- **Promociones por tiempo limitado:** Ofrece descuentos exclusivos por pocos días. La urgencia impulsa la acción. Sobre todo, si tienes días u horarios definidos de baja venta.
- **Paquetes y combos:** Agrupa productos o servicios y ofrécelos a un precio preferencial. Esto aumenta el ticket promedio de compra, adicionalmente puedes incluir en el paquete, productos de baja rotación. Generalmente el cliente no hace cuentas de cuanto le saldría el paquete si lo comprara por separado.
- **Programas de lealtad:** Premia a tus clientes frecuentes con descuentos o regalos. Un cliente fiel siempre será más valioso que uno nuevo.
- **Oferta mensual directa:** Puedes sacrificar tu margen de utilidad en algún código solamente para que impulse a los demás a precio normal. Debes poner topes diarios o semanales para no rebasar tu presupuesto.
- **Intangibles:** Si puedes desarrollar algo de valor: videos, recetarios, etc. En los que solo tengas que invertir una vez y puedas "regalarlo" a todos tus clientes que te compren, hazlo, si lo haces bien, lo valoraran mucho.

DESPIERTA, es tu turno de cambiar al mundo.   www.llamadoaléxito.com

No todo sucede en línea. Organizar eventos presenciales o colaboraciones estratégicas con otros emprendedores puede ser una excelente manera de posicionarte y atraer nuevos clientes.

- **Talleres o demostraciones:** Muestra cómo tu producto o servicio puede resolver problemas específicos. Por ejemplo, si vendes cosméticos, organiza una clase de maquillaje.
- **Colaboraciones:** Alíate con negocios que compartan tu público objetivo. Si tienes una farmacia, ¿por qué no colaborar con consultorios y clínicas cercanas para ofrecer experiencias únicas?
- **Ferias y exposiciones (shows):** Participar en estos eventos te permite mostrar tu marca a una audiencia amplia y, además, aprender de otros emprendedores.

Marketing de recomendación: El poder del boca a boca, un cliente satisfecho es tu mejor embajador. Diseña estrategias para que ellos mismos promocionen tu negocio entre su círculo social.

- **Incentiva las recomendaciones:** Ofrece descuentos o regalos a los clientes que refieran a nuevos compradores.
- **Solicita reseñas:** Pide a tus clientes que dejen comentarios en tus redes sociales, Google o páginas de reseñas. Una buena opinión puede ser la diferencia entre un cliente indeciso y una venta.

Reflexión: Amigo emprendedor, las herramientas no son mágicas, pero en las manos adecuadas pueden obrar milagros. No se trata de usar todo al mismo tiempo, sino de implementar las estrategias que mejor se alineen con tu negocio y objetivos.

Tu reto: Elige al menos dos herramientas o estrategias de las mencionadas y ponlas en práctica. Mide los resultados, ajusta lo necesario y, sobre todo, ¡no te detengas! El éxito está a la vuelta de la esquina, y con las herramientas correctas, estás más cerca que nunca de alcanzarlo.

4.8 Innovación: Lo que mantiene tu negocio vivo.

¿Qué tienen en común las empresas más exitosas del mundo? La innovación. Y no, no estamos hablando de inventar la pócima de la felicidad, sino de pensar diferente, actuar con valentía y siempre buscar formas de mejorar. Innovar es una necesidad. Sin innovación, un negocio se estanca, y en este mundo tan competitivo, quedarse quieto es equivalente a retroceder.

Cuando pensamos en innovación, solemos imaginar robots, aplicaciones móviles o tecnologías futuristas. Pero déjame decirte algo: innovar puede ser mucho más simple. Se trata de encontrar maneras más eficientes, atractivas o impactantes de hacer lo que ya haces. Desde cambiar la presentación de tus productos hasta ajustar la experiencia del cliente, todo cuenta.

La innovación básica empieza desde que observas algo, en otro país, o en otra ciudad que resuelve un problema de una mejor manera que lo que se conoce hasta el momento en tu campo de influencia, lo tomas y lo llevas a implementar. No digo que eso es todo lo que se puede hacer con la innovación, pero ahí se empieza.

Esto no solo aplica a tu oferta de valor, la mejora continua en tus procesos de producción o de servicio, también es innovación, porque cambias la forma de hacer las cosas por algo más nuevo, más eficiente o coherente con tus valores.

La innovación comienza con escuchar

No necesitas adivinar lo que tus clientes quieren; ¡pregúntales! Ellos son la fuente más valiosa de ideas. Las encuestas, las reseñas y las conversaciones informales te pueden revelar lo que aman, lo que odian y lo que desearían que cambiaras.

- **Atención a las tendencias:** Mantente al día con las novedades de tu sector. ¿Qué están haciendo tus competidores? ¿Qué cambios están ocurriendo en las preferencias de los consumidores?
- **Creatividad en equipo:** Reúne a tu equipo (si tienes uno) y haz sesiones de lluvia de ideas. Escucha propuestas, incluso las que parezcan locas al principio. Muchas veces, las mejores ideas nacen de lo inesperado.

La clave está en la experiencia del cliente

Hoy en día, no basta con ofrecer un buen producto; el cliente busca algo más. Quiere una experiencia memorable, algo que lo haga regresar y, mejor aún, recomendarte.

- **Sorprende a tus clientes:** ¿por qué no incluir un pequeño regalo sorpresa con cada compra? Puede ser algo tan simple como una nota de agradecimiento escrita a mano.
- **Hazlo personal:** Usa la tecnología para personalizar la experiencia. Por ejemplo, envía correos electrónicos con ofertas adaptadas a los intereses de cada cliente.

Prueba y error: No tengas miedo de fallar

Innovar implica riesgos, y eso está bien. No todas las ideas serán un éxito, pero cada intento te acerca más a la solución ideal. La clave es actuar rápido, probar, medir resultados y ajustar lo que sea necesario.

- **Empieza pequeño:** Antes de implementar un gran cambio, pruébalo en pequeña escala. Si funciona, expándelo. Si no, ajusta y vuelve a intentarlo.
- **Adopta la mentalidad de crecimiento:** No te castigues por los fracasos. Cada error es una oportunidad de aprendizaje.

Sé valiente y rompe moldes

La verdadera innovación requiere valentía. No tengas miedo de desafiar lo establecido o de ser diferente. Muchas de las empresas que hoy admiramos fueron consideradas locas cuando comenzaron. ¿Qué tienen en común? No temieron arriesgarse y creer en sus ideas.

¿Tienes un producto que crees que podría venderse de una manera completamente diferente? ¡Hazlo! ¿Hay una forma única de ofrecer tu servicio que nadie más ha intentado? ¡Inténtalo! El mundo pertenece a los valientes.

Reflexión: Innovar no es un lujo; es lo que mantendrá funcionando tu negocio. Así que, querido emprendedor, te dejo este desafío: identifica al menos un área de tu negocio en la que puedas implementar algo nuevo. No importa si es grande o pequeño, lo importante es que tomes acción.

Recuerda, no necesitas ser perfecto; solo necesitas ser lo suficientemente audaz para intentarlo. Porque cuando decides innovar, no solo estás mejorando tu negocio, estás transformando tu futuro. Y eso, mi amigo, ¡es lo que hace a un verdadero emprendedor!

CAPITULO 5: SI YA TENEMOS TIMON, NOS FALTA EL MOTOR.

5.1 La función de la fuerza de ventas.

¿Sabías que tu fuerza de ventas es como el motor de un auto? Puedes tener el diseño más moderno, los mejores materiales y un tanque lleno de combustible, pero si el motor no está funcionando bien, simplemente no avanzas. Ahora, ¿qué tan afinado está tu motor?

Cuando hablamos de la fuerza de ventas, estamos hablando de ese grupo de personas (o tal vez solo tú, si estás empezando) que tiene la responsabilidad de transformar todo el trabajo de tu negocio en resultados tangibles. Son los que llevan tus productos o servicios al mercado, a los clientes que lo necesitan, y sin ellos, todo queda en planes y sueños. Pero, ojo, para que realmente funcionen, tienen que hacer muy bien el proceso completo. Y aquí viene la pregunta del millón: ¿están cumpliendo con ese trabajo?

El rol esencial de la fuerza de ventas

La fuerza de ventas tiene tres funciones básicas: prospectar, comunicar valor y cerrar acuerdos. Todo lo demás son adornos. Si estas tres cosas no se hacen correctamente, es como tener un auto que enciende, pero no llega a ningún lado. Y no queremos eso, ¿verdad?

1. **Prospectar:** Esto significa buscar activamente a los clientes potenciales. No puedes esperar a que lleguen solos. Prospectar es salir a la calle, hacer llamadas, enviar mensajes o aprovechar redes sociales. Buscar de entre todos, a tu cliente idóneo. Si tu equipo no está

haciendo esto de forma consistente y medible, ya tienes un área para mejorar.

2. **Comunicar valor:** No basta con decir "mi producto es el mejor." Hay que demostrarlo. Aquí entra en juego cómo se presenta el producto o servicio, cómo se resuelven las dudas del cliente y cómo se conecta emocionalmente con ellos. ¿Tu equipo sabe explicar por qué tu solución es la mejor opción? Aquí marketing le proporciona las herramientas adecuadas.

3. **Cierre de ventas:** La meta es convertir todo ese esfuerzo en una venta concreta. De nada sirve tener clientes interesados si no se concretan las ventas. Aquí es donde entra la habilidad, la confianza y la persistencia.

Estándares mínimos: ¿qué debe cumplir tu equipo?

Como emprendedor, tú defines qué se espera de tu fuerza de ventas. ¿Cuántos clientes deben contactar al día? ¿Cuántas reuniones deben agendar por semana? ¿Cuántos cierres deben lograr al mes? Estos son los estándares mínimos que debes establecer y monitorear.

Cuando yo empecé en el área de ventas promoviendo mi propio producto, un amigo que me llevaba mucha experiencia en el tema, me dio unos consejos que se referían en medir la cantidad de prospectos que generaban mis vendedores y establecer una cuota mínima semanal; la verdad; a mí me pareció una postura muy burocrática y seguí enfocándome solo a los pedidos en firme, el tiempo me enseñó que mi amigo tenía razón, las ventas se tienen que cuidar y medir desde el primer paso hasta el último. **lo que no se mide, no se puede mejorar** y la venta no empieza cuando tienes al cliente enfrente, sino desde que buscas quien puede ser tu cliente idóneo.

El impacto de una buena fuerza de ventas

Imagina esto: tienes un producto increíble, pero tu fuerza de ventas no logra conectar con los clientes. ¿Resultado? Dinero perdido. Por otro lado, un equipo de ventas que domina al menos lo básico, puede transformar incluso un producto promedio en un éxito rotundo. Porque, al final, no solo venden productos o servicios; venden confianza, seguridad y una experiencia única. Si logras una fuerza de ventas capacitada, ordenada y que cuide TODOS los eslabones de la cadena, esa puede ser una ventaja competitiva.

Lecciones de la vida real

Un emprendedor que conocí tenía un excelente producto de tecnología, pero su equipo de ventas se limitaba a esperar a que los clientes los contactaran. Los resultados eran mediocres. Implementó un sistema simple: cada vendedor debía hacer al menos 20 contactos diarios y llevar registro de todos, ¿el resultado? En tres meses, sus ventas se duplicaron. No fue magia; fue enfoque en lo **básico**.

Por otro lado, otro emprendedor tenía un equipo que sabía prospectar, pero no sabían cómo comunicar el valor del producto. Invertir en capacitación sobre técnicas de presentación y manejo de objeciones cambió completamente el juego. Ahora, cada reunión se convierte en una oportunidad real de venta.

En mi experiencia personal, las Mipymes generalmente tienen vendedores familiares, a tiempo parcial, o tienen que cubrir otras labores operativas. Los resultados más altos en ventas los he logrado asegurando el correcto y puntual trabajo de la fuerza de ventas. He notado que la mayoría de los emprendedores tienen deficiencias serias, cuando van a contratar a un vendedor buscan algo "barato" y no toman en cuenta que una buena contratación puede marcar toda la diferencia en el rumbo de tu negocio.

Ejercicio práctico: Evalúa a tu equipo

Quiero que hagas esto. Pregúntate (o pregúntales a tus vendedores):

- ¿Cuántos clientes prospectaron esta semana?
- ¿Cuántas presentaciones o reuniones realizaron?
- ¿Cuántos cierres lograron?

Si no tienes estas respuestas claras, es momento de actuar.

Reflexión: Si tu fuerza de ventas domina lo básico, el éxito es solo cuestión de tiempo. Y si sientes que algo falta, no te preocupes. Lo bueno del trabajo elemental es que **puedes aprenderlo y mejorarlo constantemente**.

Ahora, te lanzo un desafío: Establece un estándar mínimo para tu equipo de ventas. Puede ser un número de llamadas, reuniones o cierres. Lo importante es empezar. ¡**El mundo cuenta contigo, emprendedor!** ¡Haz que las cosas pasen y lleva tu negocio al siguiente nivel!

5.2 El vendedor: ¿nace o se hace?

Hay un debate que nunca pasa de moda: ¿el vendedor exitoso es un talento nato o es un resultado del esfuerzo y la preparación? Si alguna vez te has preguntado si tienes lo necesario para ser un buen vendedor, o si puedes formar un equipo que brille en ventas, estás en el lugar correcto. Vamos a resolver este misterio, y no solo eso, te daré las herramientas para que lo que antes parecía innato se convierta en algo alcanzable.

El mito del "don natural"

Seguro has escuchado frases como: "Él nació para vender," o "Ella tiene un carisma natural." ¡Y claro que hay personas que parecen tenerlo todo para conectar con otros! Pero déjame decirte algo importante: **vender no es un talento reservado solo para unos pocos afortunados.** Sí, hay gente que tiene facilidad para comunicarse o una habilidad innata para persuadir, pero eso no significa que no puedas alcanzar o incluso superar sus resultados si te lo propones.

La venta no es magia; es una habilidad que se puede aprender, practicar y perfeccionar. ¿Cuántas veces has visto a alguien que parecía no tener lo necesario convertirse en un experto? Todo está en la mentalidad y en las ganas de crecer. Yo he visto resultados sorprendentes en vendedores que no son el alma de la fiesta, pero siguen el proceso completo a la perfección, de igual manera he tenido vendedores que, al platicar con ellos, dejan ver que son muy habilidosos y experimentados, pero son desordenados y no respetan el proceso. Que bueno sería tener lo mejor de los 2 mundos, pero si a mí me dan a elegir, prefiero los primeros, siempre y cuando trabajen lo suficiente.

El vendedor que se hace:

¿Quieres ser un vendedor que brille? O tal vez deseas formar un equipo que impulse tus resultados. Aquí te dejo los pilares clave que todo vendedor puede trabajar para alcanzar el éxito:

1. **Mentalidad positiva y resiliente:** Ser vendedor no es fácil, eso está claro. Pero la diferencia entre un buen vendedor y uno mediocre está en cómo manejan el rechazo. El rechazo no es personal, es parte del camino. Así que, cada "no" debe ser visto como un paso más hacia el "sí".
2. **Conocimiento del producto:** Nadie confía en un vendedor que no sabe lo que está ofreciendo. Conoce cada detalle, cada beneficio y cada solución que tu producto puede ofrecer. Tu confianza se transmite y se contagia.
3. **Habilidad para escuchar:** Aquí es donde muchos fallan. Un buen vendedor no es el que habla más, sino el que escucha mejor. Al escuchar activamente, puedes

entender las verdaderas necesidades de tu cliente y conectar de manera genuina.
4. **Empatía:** Ponerte en los zapatos de tu cliente es la clave para conectar emocionalmente. Cuando alguien siente que entiendes su situación, estará mucho más dispuesto a confiar en ti.
5. **Capacitación continua:** Nadie es un producto terminado. Las mejores herramientas, técnicas de ventas y estrategias cambian constantemente. Si te quedas estancado, te quedas atrás. Invierte en tu crecimiento.
6. **Con hambre:** Que necesite ganar mucho dinero, que no se conforme con poco. Si un vendedor necesita $20,000.00, hará esfuerzos sorprendentes para ganar eso, pero una vez que llega ahí, el esfuerzo para ganar el extra será mucho menor.

¿Qué hace a un gran vendedor?

Un gran vendedor no es solo alguien que logra muy buenos resultados. Es alguien que:

- **Construye relaciones:** Las ventas rápidas pueden darte ganancias inmediatas, pero las relaciones sólidas te darán éxito a largo plazo.
- **Es auténtico:** Nadie quiere sentir que le están vendiendo algo solo por el interés del vendedor. La autenticidad genera confianza, y la confianza genera ventas.
- **Se adapta:** Cada cliente es diferente. Un buen vendedor sabe cuándo ser persuasivo, cuándo ser paciente y cuándo cerrar la venta.

Todas estas habilidades son cosas que puedes desarrollar. ¡No hay excusas!

Rompiendo barreras: Tú también puedes vender

Si alguna vez te has dicho: "Yo no soy bueno para vender," quiero que pares ahí mismo. Vender no significa engañar, no significa ser insistente de manera molesta. Vender significa ayudar. Si tienes un producto o servicio que puede mejorar la vida de alguien, vender es simplemente comunicar eso de manera efectiva.

Piensa en los mejores vendedores que conoces. ¿Son insistentes o son apasionados? ¿Son manipuladores o son empáticos? Ahora mírate a ti mismo y pregúntate: ¿estás dispuesto a aprender lo necesario para convertirte en uno de ellos?

Imagínate a ti mismo con una oferta de valor clara, amplio conocimiento de tu cliente idóneo, siguiendo un proceso de venta sencillo pero establecido, ya puedes ser un buen vendedor, tienes lo más importante, lo demás, con la práctica llegará. Qué pasa cuando entras a una tienda como cliente, buscando solucionar algún problema específico. ¿Con quién te gustaría encontrarte? ¿Con el supervendedor que te trata tan amable que te hace sentir un poco presionado a comprar solo por sus encantos? ¿O con un chico amable y capacitado que resuelve todas tus dudas y te ayuda a tomar tu mejor decisión?

El poder del entrenamiento

Un amigo empezó como vendedor de autos sin experiencia alguna. Sus primeras semanas fueron un desastre. Olvidaba datos importantes, no sabía cómo manejar objeciones y, lo peor de todo, le aterraba hablar con los clientes. Pero decidió no rendirse. Se dedicó a estudiar todo lo que pudo: cómo generar confianza, cómo cerrar una venta, cómo escuchar activamente. ¿El resultado? En un año, pasó de ser el novato del equipo a ser el vendedor con mejores resultados de la empresa.

¿Qué te dice esto? Con el entrenamiento adecuado y la práctica constante, puedes convertirte en un maestro de ventas. No importa dónde empieces, lo que importa es que te comprometas a mejorar cada día.

Reflexión: La respuesta a la pregunta inicial es simple: **el vendedor no solo nace, se hace.** Y tú tienes el poder de convertirte en el vendedor que tu negocio necesita, o en el líder que forma un equipo invencible. No dejes que la falta de experiencia o habilidades iniciales te detengan. Todo lo que necesitas es disposición para aprender y la determinación de no rendirte.

Te lanzo un desafío: Dedica tiempo a mejorar una de tus habilidades de ventas. Ya sea escuchar mejor, aprender más sobre tu producto o simplemente practicar cómo cerrar una venta. Hazlo, y verás cómo los resultados empiezan a llegar. ¡El mundo cuenta contigo, emprendedor! ¡Es hora de demostrar de qué estás hecho!

5.3 La persuasión.

Cuando hablamos de ventas, la persuasión no es solo un término elegante, persuadir no significa manipular. Persuadir es entender, conectar y ofrecer una solución que realmente transforme la vida de tu cliente. Y lo mejor de todo es que esta habilidad no es exclusiva de unos cuantos genios de las ventas. ¡La persuasión se puede aprender, practicar y perfeccionar!

En esencia, persuadir es influir en la decisión de alguien. No se trata de forzar ni engañar, sino de comunicar de tal manera que tu cliente sienta que tomar acción es lo mejor que puede hacer por sí mismo. Aquí radica una verdad fundamental: **la persuasión efectiva no es acerca de ti, es acerca del cliente.**

¿Recuerdas la última vez que alguien te convenció de algo? Tal vez un amigo te recomendó una película o te habló con entusiasmo sobre un restaurante. No solo escuchaste sus palabras; sentiste su emoción, su confianza y su convicción.

Eso es persuasión. Y esa misma energía es la que necesitas transmitir en tus ventas.

Los pilares de la persuasión efectiva

La persuasión no es un truco de magia, sino el resultado de aplicar ciertos principios que conectan con la psicología humana. Aquí tienes los pilares clave que harán de ti un maestro persuasivo:

1. **Autoridad y confianza:** La gente sigue a quienes perciben como expertos o referentes. ¿Sabes cómo se construye esa percepción? Demostrando que dominas tu producto o servicio y que realmente te importa el bienestar de tu cliente. Habla con confianza, pero sin arrogancia. Una actitud segura, respaldada por hechos, es irresistible. No tienes que ser el super experto en todo, pero con toda la información que hay en las redes, puedes llegar a ser experto en la solución que tu ofreces en un solo día dedicado.
2. **Reciprocidad:** Cuando das algo valioso sin esperar nada a cambio, la gente siente una inclinación natural a corresponder. Ofréceles información útil, una prueba gratuita o incluso una sonrisa genuina.
3. **Prueba social:** Todos queremos tomar decisiones seguras, y ver que otros ya confiaron en ti es la mejor garantía. Usa testimonios, casos de éxito o datos que respalden tu producto. Las personas confían en lo que otros ya validaron.
4. **Urgencia y escasez:** Si el cliente siente que puede decidir "mañana," probablemente nunca lo hará. Genera una sensación de urgencia auténtica. Frases como "Esta oferta estará disponible solo hasta el viernes" o "Quedan pocas unidades" motivan a actuar.
5. **Conexión emocional:** La gente compra por emoción y justifica con lógica. Conecta con sus deseos, sus miedos y sus sueños. Pregúntales qué los motiva y usa esa información para ofrecer una solución

personalizada. Vende emocionalmente, justifica racionalmente.

Errores comunes al intentar persuadir

La persuasión efectiva no ocurre por accidente, y muchos vendedores fracasan porque cometen errores básicos. Evita caer en estas trampas:

- **Hablar demasiado:** Muchos creen que ser persuasivo significa bombardear al cliente con información. ¡Error! La persuasión comienza con escuchar más de lo que hablas.
- **No personalizar:** Cada cliente es único. Si usas un enfoque genérico, parecerás insincero.
- **Presionar demasiado:** Nadie quiere sentirse acorralado. Si tu cliente detecta presión, se alejará.
- **Olvidar la ética:** La persuasión efectiva y duradera siempre está alineada con la verdad y la ética. No intentes vender algo que no necesiten.

Técnicas para dominar la persuasión

¿Quieres pasar del nivel básico al experto? Aquí tienes algunas técnicas prácticas que puedes implementar hoy mismo:

1. **La técnica de la pregunta:** En lugar de decirle a tu cliente por qué tu producto es genial, hazle preguntas que lo lleven a darse cuenta por sí mismo. Ejemplo: "¿cómo te sentirías si pudieras resolver este problema en menos de una semana?"
2. **El poder del "porqué":** La palabra "porqué" tiene un impacto increíble en las decisiones de las personas. Cuando expliques algo, siempre añade una razón. Ejemplo: "Este producto es ideal para ti porque te ayudará a ahorrar tiempo y dinero."
3. **Crea escenarios imaginativos:** Haz que tu cliente visualice el resultado de usar tu producto. Ejemplo:

"Imagínate despertando cada mañana sabiendo que este problema ya no existe en tu vida."
4. **El efecto anclaje:** Presenta una opción de alto valor antes de mostrar una más económica o accesible. Esto hace que la segunda parezca una oportunidad increíble.

La ética en la persuasión

En todo lo que hagas, recuerda esto: La persuasión no es un arma, es una herramienta. Y como cualquier herramienta poderosa, debe usarse con responsabilidad. Tu objetivo no es simplemente cerrar una venta; es construir relaciones, generar confianza y ofrecer valor real. Cuando tus intenciones son honestas, la persuasión deja de ser una habilidad técnica y se convierte en una experiencia auténtica y transformadora.

Reflexión: La persuasión no es un talento reservado para unos pocos; es una habilidad al alcance de cualquiera que esté dispuesto a aprender y practicar. Pero más allá de las técnicas, recuerda que persuadir es un acto de servicio. Cuando usas la persuasión para ayudar a tus clientes a mejorar sus vidas, todos ganan.

Así que te dejo este desafío: Identifica una conversación de ventas en la que puedas aplicar al menos uno de los principios de persuasión que hemos visto. Observa los resultados y sigue mejorando. **¡El mundo necesita lo que tienes para ofrecer!** Sal ahí fuera y persuade con propósito y pasión. ¡Tú puedes hacerlo!

5.4 Manejo de objeciones.

En el mundo de las ventas, las objeciones no son tu enemigo; son una invitación. Cada vez que un cliente dice "no estoy seguro" o "es muy caro," no te están cerrando la puerta. ¡Te están diciendo que necesitan más claridad, confianza o información! El manejo de objeciones es una habilidad esencial que separa a los vendedores promedio de los verdaderamente excepcionales. ¿Listo para transformar los "No" en "Sí"? ¡A darle!

¿Qué son las objeciones y por qué son importantes?

Las objeciones son las barreras que el cliente percibe entre su problema y la solución que tú ofreces. Pueden ser dudas, temores, malentendidos o simples excusas. Pero aquí está la clave: **una objeción es una oportunidad de diálogo, no una pared inquebrantable.**

Cuando un cliente te plantea una objeción, está mostrando interés. Si no estuviera interesado, simplemente se alejaría sin decir nada. Así que cada objeción que enfrentas es una oportunidad para escuchar, aprender y, finalmente, cerrar la venta.

Las objeciones más comunes (y cómo manejarlas)

Los clientes suelen expresar preocupaciones similares, y tener respuestas claras y efectivas te dará una ventaja. Estas son algunas de las objeciones más comunes y estrategias para superarlas:

1. **"Es muy caro":**
   - En lugar de defender el precio, destaca el valor. Pregunta: "¿qué tan importante sería para ti resolver este problema de una vez por todas?" o "¿cómo cambiaría tu vida si ya no tuvieras que lidiar con esto?"
   - Refuerza los beneficios y explica cómo tu solución puede ahorrarles tiempo, dinero o esfuerzo a largo plazo.
2. **"No lo necesito ahora":**
   - Aquí la urgencia es tu mejor aliada. Pregunta: "¿qué te detiene para empezar ahora?" o "¿qué pasaría si dejas este problema para después?"

- Demuestra cómo resolver el problema ahora puede evitar mayores costos o complicaciones en el futuro.
3. **"Tengo que pensarlo"**:
    - Pregunta: "Claro, entiendo que quieras reflexionar. ¿Qué dudas específicas necesitas aclarar para tomar una decisión?"
    - Muchas veces, "pensarlo" es una manera de decir que tienen dudas o temores. Identifica esas barreras y resuélvelas.
4. **"Ya tengo algo similar"**:
    - Aquí la diferenciación es clave. Responde con algo como: "Eso es genial, porque significa que reconoces la importancia de esta solución. ¿Puedo mostrarte cómo esto puede darte mejores resultados?"
5. **"Necesito hablarlo con alguien más"**:
    - Pregunta: "¿qué puntos específicos crees que esa persona necesitará saber para estar de acuerdo?"
    - Ofrece agendar una llamada conjunta o enviar información adicional que puedan revisar juntos.

Técnicas para manejar objeciones con éxito

1. **Escucha activa:**
    - Antes de responder, escucha con atención. A veces, el cliente solo necesita sentirse comprendido. Usa frases como: "Entiendo por qué te sientes así" o "Es una buena pregunta." No interrumpas, eso mostraría tu desinterés en las preocupaciones del cliente.
2. **Parafrasea:**
    - Repite la objeción en tus propias palabras para asegurarte de que has entendido. Por ejemplo: "Si entiendo bien, estás preocupado por el costo inicial, ¿cierto?"
3. **Haz preguntas poderosas:**

- Usa preguntas abiertas que inviten al cliente a reflexionar. Ejemplo: "¿qué resultado esperas obtener al resolver este problema?" o "¿cómo te sentirías si pudieras resolver esto hoy mismo?"

4. **Refuerza la confianza:**
   - Comparte testimonios, casos de éxito o garantías que reduzcan el riesgo percibido.
5. **Transforma la objeción en una ventaja:**
   - Si un cliente dice que tu producto es "muy avanzado," puedes responder: "¡Exactamente! Esto significa que tendrás una solución de última generación que te dará una ventaja competitiva."

Errores comunes al manejar objeciones

Incluso los mejores vendedores cometen errores. Evita estos hábitos que pueden sabotear tu éxito:

- **Defensividad:** Responder con actitud defensiva crea fricción en lugar de construir confianza.
- **Hablar demasiado:** Si intentas explicar cada detalle, puedes abrumar al cliente. Mantén tus respuestas simples y al punto. Se directo, ve al grano.
- **Ignorar señales:** Si el cliente muestra preocupación, pero no la verbaliza, pregunta: "Parece que tienes alguna duda. ¿qué es lo que te preocupa?"
- **Falta de preparación:** No conocer tu producto o servicio al detalle puede dejarte sin respuesta ante una objeción válida. Si haces una lista de objeciones típicas, veras que solo serán 5 o 6 cosas que se repiten frecuentemente para tu oferta de valor, enlístalas y resuélvelas.

Recuerda: El objetivo no es ganar una discusión, sino resolver una preocupación. Cuando el cliente siente que su objeción ha sido escuchada y abordada con respeto, es más probable que confíe en ti.

DESPIERTA, es tu turno de cambiar al mundo.   www.llamadoaléxito.com

Reflexión: El manejo de objeciones no es una tarea que debas temer; es una habilidad que puede llevar tus ventas al siguiente nivel. Cada "No" que enfrentas es una lección. Aprende de cada interacción, ajusta tu enfoque y sigue avanzando.

Te dejo este desafío: Identifica una objeción común en tu negocio y prepara una respuesta clara y efectiva. Practícala hasta que puedas responder con confianza y naturalidad.

¡El mundo necesita lo que tienes para ofrecer, emprendedor! Escucha, adapta y convence con propósito. **¡Tú puedes hacerlo!**

5.5 Cierre de ventas.

El cierre de ventas es el momento decisivo, esa delgada línea entre una venta realizada y una oportunidad perdida. Es el instante en que tus esfuerzos como vendedor se concretan y tu propuesta se convierte en una solución real para el cliente. Pero ¿cómo se logra un cierre efectivo? ¿Es cuestión de suerte, técnica o preparación? ¡Hoy lo descubrirás!

El cierre de ventas: Más que una transacción

Es guiarlo, a la acción, a tomar una decisión que lo beneficie. Si tu enfoque es ayudar, el cierre llegará de manera natural. Es el culmen del proceso, ya pasaste por todas las etapas con el cliente, explicaste, solucionaste objeciones, lo que sigue es una propuesta amable pero directa para que compre. Te sorprendería saber cuántos vendedores hacen todo un excelente proceso estructurado de venta y esperan que el cliente tome solo la decisión, ¡No! Se necesita invitarlo directamente.

Un buen cierre no solo significa un intercambio de dinero por un producto o servicio; significa que has creado valor, conectado con tu cliente **y cerrado el trato.** ¿Te das cuenta de la importancia de este paso? ¡El mundo cuenta contigo para que lo hagas bien!

Los tipos de cierre más comunes

Existen diferentes estrategias para cerrar una venta, y elegir la adecuada dependerá de tu cliente, el producto y la situación. Aquí te dejo los más efectivos:

1. El cierre directo

Es el más simple y efectivo. Se basa en preguntar directamente si el cliente está listo para comprar. Ejemplo:

- "¿Le gustaría comenzar a usar esta solución desde hoy?"
- ¿Te parece bien? Podemos avanzar con el pedido.
- "¿Podemos programar la instalación para la próxima semana?"

¿Por qué funciona? Porque transmite confianza. Si has trabajado bien las etapas previas de la venta, el cliente estará listo para decir que sí.

2. El cierre por opción

Este enfoque le da al cliente un sentido de control, al presentarle dos o más opciones. Ejemplo:

- "¿Prefiere el plan mensual o el anual?"
- "¿Lo entregamos el lunes o el miércoles?"

¿Por qué funciona? Porque en lugar de pensar si compra o no, el cliente está eligiendo cómo proceder.

3. El cierre por escasez

Aquí, utilizas la urgencia para motivar la decisión. Ejemplo:

- "Quedan solo tres unidades disponibles a este precio." ¿Te parece si lo aseguramos?

¿Por qué funciona? Porque la escasez activa el temor de perder una oportunidad, y nadie quiere quedarse fuera.

4. El cierre de resumen

Recapitula los beneficios y acuerda el siguiente paso. Ejemplo:

- "Entonces, para confirmar, incluye X, Y y Z, todo por este precio. ¿Lo cerramos ahora?"
- "Hemos cubierto todo: características, precio y entrega. ¿Estamos listos para avanzar?"

¿Por qué funciona? Porque reafirma lo que el cliente ya sabe y lo lleva a decir que sí.

Reflexión: El cierre como una habilidad transformadora

Cerrar una venta es mucho más que un paso técnico; es un arte que requiere práctica, empatía y confianza. Cada cliente es único, y cada cierre es una oportunidad para crecer y aprender.

Quiero desafiarte: En tu próxima interacción con un cliente, utiliza uno de los tipos de cierre que vimos aquí. Observa la reacción, ajusta tu enfoque y sigue mejorando. Recuerda que cada "sí" es un paso más hacia tu éxito y el impacto positivo que puedes generar en el mundo

El mundo cuenta contigo, emprendedor. ¡Sal ahí, cierra esas ventas y haz la diferencia!

5.6 Seguimiento en el servicio de ventas: El toque que convierte clientes en aliados.

¿Sabías que la venta no termina cuando el cliente dice "sí"? De hecho, ahí es donde comienza la verdadera magia: el seguimiento. Esta etapa, muchas veces subestimada, no solo refuerza la relación con el cliente, sino que también abre puertas para futuras oportunidades, recomendaciones y fidelidad. Si no estás haciendo un seguimiento adecuado, estás dejando dinero, confianza y éxito sobre la mesa. **¡Es hora de cambiar eso!**

El seguimiento: Más que un paso, un compromiso

El seguimiento es el puente entre una transacción y una relación duradera. No se trata de enviar un mensaje automático de "gracias por su compra". Se trata de demostrar interés genuino en cómo tu producto o servicio ha impactado en la vida de tu cliente. Pregúntate: ¿qué valor adicional puedes ofrecer después de la venta? ¿Cómo puedes sorprender y deleitar al cliente?

Quiero que lo veas así: El seguimiento nace desde que eres consciente que tu propuesta de valor nace para solucionar problemas o necesidades. Cada venta es una semilla, el seguimiento es el cuidado y la atención que necesitas para que esa semilla crezca en un árbol frondoso, lleno de frutos. **Sin seguimiento, te arriesgas a que la semilla se marchite.**

¿Por qué es tan importante el seguimiento?

1. **Fidelización del cliente:** Cuando te tomas el tiempo de asegurarte de que tu cliente esté satisfecho, estás construyendo confianza. Y en el mundo de las ventas, la confianza lo es todo. Un cliente feliz no solo volverá, sino que también se convertirá en tu embajador.
2. **Feedback valioso:** El seguimiento te da la oportunidad de aprender. Pregunta al cliente qué le gustó, qué no y cómo puedes mejorar. Este tipo de

información es oro puro para ajustar y perfeccionar tu estrategia.
3. **Incremento en las ventas:** Un cliente que confía en ti estará más dispuesto a comprar nuevamente o a adquirir productos complementarios. Además, un buen seguimiento puede convertir una venta única en una relación continua.
4. **Recomendaciones y referencias:** Los clientes satisfechos hablan. Un seguimiento eficaz puede transformar a tus clientes en promotores de tu negocio.

Cómo hacer un seguimiento efectivo

No necesitas ser un genio para destacar en el seguimiento. Aquí hay pasos prácticos que puedes implementar desde hoy:

1. Agradece siempre

Después de cada venta, envía un mensaje de agradecimiento personalizado. **Olvida los mensajes genéricos.** Haz que el cliente sienta que valoras su confianza. "Mil gracias por elegirnos" "Hoy nos ayudaste a cumplir nuestra misión" etc.

2. Comprueba la satisfacción

Una semana (por ejemplo), después de la compra, verifica que el cliente esté contento con su decisión. Pregunta cómo le está yendo y si hay algo en lo que puedas ayudar.

3. Ofrece valor adicional

Envía tips, recomendaciones o incluso un tutorial sobre cómo aprovechar al máximo el producto o servicio. Esto demuestra que estás comprometido con su satisfacción.

4. Mantén el contacto

El seguimiento no termina después del primer contacto. Crea un sistema para mantenerte en la mente del cliente: envía actualizaciones, felicítalo en fechas especiales o comparte contenido relevante.

5. Resuelve problemas rápidamente

Si surge un inconveniente, resuélvelo de inmediato. La rapidez con la que actúas ante un problema puede transformar una mala experiencia en una oportunidad para fidelizar. Cuando surge un problema (y surgirá), pues, ya lo tienes ahí, ahora es una oportunidad inigualable de mejorar la relación con tu cliente, para eso necesitan un sencillo ¡Y puntual! esquema de solución de problemas.

Errores comunes en el seguimiento

Incluso los mejores vendedores pueden cometer errores. Aquí te dejo los más frecuentes para que los evites:

- **Ser insistente:** Hay una línea delgada entre seguimiento y acoso. Respeta el tiempo y espacio del cliente.
- **Automatización excesiva:** Aunque las herramientas automatizadas son útiles, no descuides el toque humano.
- **Falta de seguimiento:** Muchos vendedores pierden oportunidades porque nunca hacen ese llamado o envío final. Este es el error más común.

Reflexión: En un mercado saturado, donde la competencia está a solo un clic de distancia, el seguimiento puede ser tu arma secreta, o parte de tu PUV. Mientras otros se enfocan únicamente en cerrar ventas, tú puedes sobresalir por la manera en que cuidas a tus clientes.

Piensa en esto: ¿qué te gustaría recibir como cliente después de realizar una compra importante? Seguramente esperas atención, soluciones rápidas y un interés genuino en tu satisfacción. Eso mismo es lo que debes ofrecer.

Desafío para ti, selecciona cinco clientes recientes y aplica las estrategias de seguimiento que vimos. Personaliza tus mensajes, escucha activamente y ofréceles algo de valor. Observa la respuesta y ajusta tus métodos según sea necesario. **¡Te sorprenderás de los resultados!**

El mundo cuenta contigo para hacer un seguimiento memorable. ¡Empieza ahora y convierte cada venta en una oportunidad para crear relaciones duraderas y exitosas!

5.7 Forma de pago.

Pagarle correctamente a tu fuerza de ventas puede hacer la diferencia entre el éxito o el fracaso, existen muchos esquemas y tratare de cubrir los más representativos en esta sección.

Ingreso fijo:

El vendedor recibe un sueldo fijo atractivo sin ningún aliciente adicional. Nunca he usado este esquema, pero lo he visto mucho en empresas grandes y exitosas que tienen una labor muy importante de marketing y han logrado crear un potente PUV, tienen muy bien definido a su cliente idóneo y han logrado desarrollar todas las herramientas del proceso de venta eficazmente. E vendedor solo se encarga de seguir el proceso con cierto número de clientes usando todas las herramientas proporcionadas.

Ingreso 100% variable:

Se usa generalmente en compañías pequeñas que no tienen presupuesto para cargar con un gasto fijo extra sin la seguridad de los resultados. También lo he visto en empresas no tan chicas, pero prefieren manejar a sus vendedores con cierta independencia y tenerlos siempre motivados a ganar un ingreso importante sin que les dediquen mucho tiempo. Se necesita brincar la barrera del inicio, es decir, que el nuevo vendedor tenga la posibilidad de seguir adelante a pesar de los pequeños ingresos que recibirá en un principio mientras se dan mejores resultados. Una herramienta de apoyo puede ser un pequeño sueldo mínimo de garantía por un plazo definido, por ejemplo 3 meses.

Bono por cubrimiento:

Es una herramienta sumamente eficiente para motivar a la fuerza de ventas a llegar a un punto deseable para la compañía que le permita prosperidad. Se pueden dar bonos por:

- Cuota de ventas alcanzada.
- Cantidad de prospectos confirmada.
- Cobranza.
- Cuota de productos de alto margen.
- Venta de mix de productos. (Que venda toda la variedad).
- Clientes tocados. (A qué % de su lista de clientes les vendió).
- Nuevos clientes.
- Clientes recuperados.
- Trabajo administrativo.
- información de mercado.
- Trabajo en el anaquel. Etc., etc., etc.

Mixto:

Se pueden encontrar un sin número de opciones al mezclar las formas de pago. Para mi esta es la mejor: *Son % de sus ingresos no de sus ventas.

- Un sueldo base que reciba independiente mente de los resultados.

- Este debe ser aproximadamente entre el 40% y 50% del ingreso que necesita.
- Un % de comisión por venta COBRADA desde el primer peso. Que represente entre el 15 y 20%.
- Un bono por logro de objetivos, bien analizado y que ayude a enfocarse en lo que más necesita la empresa en ese momento. Que represente entre el 15% y 20%.
- Un bono trimestral que nos permita que los resultados sean constantes, no un mes si y un mes no. Entre el 15% y el 25%

Yo veo mucha gente peleada con el hecho de que un vendedor gane mucho dinero, a mí me da muchísimo gusto cuando uno de mis vendedores gana mucho dinero, como le agradezco a esa parte de mi fuerza de ventas que no ha tenido limite y ganan mucha plata, me hacen ganar mucho dinero.

5.8 La cobranza.

La venta no es venta realmente hasta que se cobra, Un amigo que trabajaba como empleado en una empresa, decidió emprender, su propuesta de valor tuvo éxito en grandes empresas lo que le llevó a tener un éxito razonable desde el principio, sin embargo; cuando conocí sus números me di cuenta que la cifra de cuentas por cobrar estaba realmente alta, sus clientes le debían lo correspondiente a 4 meses de su venta, él tenía problemas de flujo de efectivo y batallaba para cubrir sus compromisos más elementales.

Platicando con el observe que tenía miedo presionar a sus clientes porque al ser empresas tan grandes, temía que pudieran disgustarse y le dejaran de comprar. Pero ¿entonces para que vender? ¿Para estar sufriendo por dinero? ¿Qué caso tiene? ¿No es esto entonces un ente generador de riqueza?

Contestando a estas preguntas mi amigo le puso atención al problema de acuerdo con lo que veremos a continuación y pudo arreglar el problema, aún recuerdo su sonrisa, era un mes de diciembre y tenía suficiente dinero en su cuenta no solo para cubrir sus compromisos, sino hasta reparto de dividendos realizó.

Con la fuerza de tu PUV

Con esa misma propuesta única de valor con la que lograste tu venta, debes tomar la fuerza para cobrarla, ya cumpliste, solucionaste un problema, ahora de una manera ordenada y amable le solicitaras a tu cliente el pago. Así como desarrollaste todo un esquema de venta, toca desarrollar un esquema de cobranza eficiente que te permita tener los recursos suficientes para seguir creciendo. Se celoso en esta parte. En el capítulo 9 veremos cómo se mide la cobranza y temas relacionados al flujo de efectivo.

¡A SEGUIRLE, QUE ESTO CADA VEZ SE PONE MEJOR!

CAPITULO 6: CONTROL.

6.1 ¿Qué es el control?

¿Alguna vez has intentado manejar un auto con los ojos cerrados? Por un momento, imagina lo aterrador que sería no saber si estás en el carril correcto, si te estás acercando a tu destino o incluso si tienes suficiente gasolina para llegar. Suena absurdo, ¿verdad? Pero, te sorprendería saber que muchos emprendedores operan sus negocios exactamente así: sin control, sin dirección y sin medir lo que realmente importa. Hoy vamos a cambiar eso. ¡Prepárate porque esto te va a abrir los ojos!

En mi experiencia veo que el control que se usa es simplemente ver si hay dinero en la cuenta, si hay algo de dinero, ¡Vamos bien! Pro nada más falso que eso. Un amigo puso un taller de reparación de autos chocados, hizo un trato con una aseguradora y el trabajo no le faltó, aunque tenía experiencia en el ramo, nunca había tenido su propio negocio, cuando vio que en la cuenta había dinero suficiente, tomo la decisión de comprar un caballo, pues a él le gustaban los caballos, pero le faltaba el remolque, revisó nuevamente la cuenta y vio que, sí se completaba el remolque también y hasta los sueldos de esa semana, muy contento compro su remolque.

Un mes después no tenía dinero para pagarle a sus empleados, y tampoco a sus proveedores, cuando vio que las próximas 2 semanas no había mucha cobranza que realizar puso en venta su caballo y su remolque. Para que no nos pase eso vamos a tomar en cuenta el tema de este capítulo.

El control para mi es todo lo necesario para asegurarme RAZONABLEMETE que suceda lo que ocupo que suceda, que haya resultados favorables y estar preparado para los imprevistos. El control en tu negocio no es solo una herramienta; es **la herramienta**. Es lo que te permite saber dónde estás, hacia dónde vas y qué necesitas ajustar en el camino. Sin control, estás navegando a ciegas en un océano lleno de competidores, incertidumbres y retos. Y déjame decirte algo: no importa qué tan buenas sean tus intenciones o qué tan grande sea tu sueño, si no controlas los aspectos clave de tu negocio, no llegarás muy lejos.

Cuando hablo de control, me refiero a algo más que revisar tu cuenta bancaria o mirar tus ventas una vez al mes. Estoy hablando de tener un sistema estructurado que te permita **medir**, **analizar** y **actuar**. El control es como ese entrenador personal que no te deja rendirte, que te empuja a dar más y que te ayuda a evitar errores fatales y a la vez el policía que cuida tus vienes.

¿Por qué es tan importante el control?

Un negocio sin control es como una casa construida en arena: se tambalea con el más mínimo viento. Con control, por otro lado, construyes una base sólida que te permite crecer y adaptarte. Estas son tres razones clave por las que necesitas implementarlo hoy mismo:

1. **Aumenta tu eficiencia:** Te dará datos de tu desempeño y te invitará a mejorarlo.
2. **Te da claridad:** Saber exactamente cómo están funcionando tus operaciones te permite tomar decisiones más inteligentes.
3. **Previene desastres:** Identificar problemas a tiempo puede salvar tu negocio.
4. **Te enfoca en lo importante:** El control te ayuda a separar lo urgente de lo verdaderamente importante.

La responsabilidad exacta del control:

a) **La parte administrativa o de eficiencia**: Mide las actividades y resultados y los compara contra tu plan. Con esto podrás corregir el rumbo si es necesario y asegurar tu buen desempeño.
b) **Cuida tus bienes en dos puntos diferentes**:
   b1) **Como vigilante o policía**: Cuida que no se haga mal uso de los bienes, que se maltraten, que los roben.
   b2) **Preventivamente:** ¿qué pasa si nos incendiamos? ¿Si hay un accidente automovilístico? ¿Si soy demandado? ¿Si me defraudan?

¿De qué hablamos cuando hablamos de control?

Para entender bien este concepto, vamos a desglosarlo en términos simples. El control abarca tres aspectos básicos: **medir**, **comparar** y **actuar**.

1. **Medir:** Todo empieza con los datos. ¿Cuánto estás vendiendo? ¿Cuánto estás gastando? ¿Cuánto tiempo estás invirtiendo en tareas que no generan resultados? Si no estás midiendo estos elementos, estás avanzando sin mapa.
2. **Comparar:** Aquí entra la magia del control. No basta con tener datos; necesitas saber qué significan. ¿Tus ventas de este mes fueron mejores que las del anterior? ¿Tus gastos están fuera de control? Comparar te da perspectiva.
3. **Actuar:** El control no sirve de nada si no haces algo con la información que obtienes. Esto implica ajustar estrategias, cortar gastos innecesarios o duplicar esfuerzos en lo que está funcionando.

La mejor herramienta de control es **EL AMBIENTE DE CONTROL,** se dice que un control suficientemente completo para no correr ningún riesgo sale más caro que los riesgos que pretende eliminar. Por eso hay que hacer un plan de los mayores riesgos a los menores. El hecho de que el personal en general sientan un ambiente de control es la herramienta más fácil y eficaz.

Un poco de suspicacia es necesaria: Durante algunos años yo (al ser naturalmente desordenado) trabajé bajo la premisa de, "Si me rodeo de gente de toda mi confianza, puedo suprimir casi totalmente el control" y el resultado fue fatal, por la mala aprendí que la posibilidad de que se convine en una persona, una necesidad apremiante y la caja de dinero abierta es del 99.9%, solo es cuestión de tiempo, familiares, amigos, hermanos de mi iglesia, todos cayeron en la misma trampa. De ahí aprendí que el control es INDISPENSABLE.

¿Cómo el control transforma tu negocio?

Conocí a un emprendedor que, como muchos, comenzó su negocio lleno de pasión, pero sin una estructura clara. Durante meses, se sintió atrapado en un ciclo de incertidumbre: no sabía si estaba ganando dinero, no entendía por qué sus clientes no regresaban y, para colmo, tenía deudas acumulándose. ¿Qué cambió? Empezó a implementar control.

Primero, hizo una lista de todos sus gastos. Descubrió que estaba pagando por herramientas que no usaba y gastando demasiado en publicidad mal dirigida. Luego, estableció metas claras de ventas semanales y las revisaba frecuentemente. ¿El resultado? En tres meses, aumentó sus ingresos y redujo sus gastos en un 30%. Eso es el poder del control.

El control no es un enemigo

A veces, la palabra "control" tiene una mala reputación. Suena restrictiva, aburrida o incluso intimidante. Pero quiero que cambies esa percepción. El control no es un enemigo; es tu aliado más valioso. Es lo que te da la confianza para enfrentar retos y la seguridad de que cada paso que das te acerca a tus metas.

Tu desafío: Ahora que entiendes qué es el control y por qué es tan importante, te dejo este desafío: **Haz una lista de los aspectos clave de tu negocio que necesitas empezar a medir.** No importa si es algo pequeño, como registrar tus gastos diarios, o algo más ambicioso, como implementar un sistema de análisis de ventas. Lo importante es que tomes acción.

Recuerda, emprendedor: ¡El mundo cuenta contigo! Y para impactar al mundo, necesitas un negocio fuerte y estructurado. ¿Estás listo para tomar el control y llevar tu empresa al siguiente nivel? ¡Hazlo y demuéstrale al mundo de lo que eres capaz!

6.2 Tipos prácticos de control.

Imagina que estás construyendo un puente. Cada pieza debe encajar perfectamente y ser revisada con precisión, porque cualquier error, por pequeño que sea, podría hacer que todo colapse. Así funciona el control en tu negocio: es tu mecanismo para asegurarte de que cada elemento está alineado y funcionando como debería. Pero ¿cómo se traduce esto a la vida de un emprendedor? Hoy vamos a explorar los tipos prácticos de control que te ayudarán a mantener tu empresa en el camino correcto. ¡Prepárate para tomar notas porque esto es oro puro!

Primero veremos algunas herramientas de control:

1. **El ambiente de control:** Revisada en la sección anterior.
2. **Un poco de suspicacia:** Revisada en la sección anterior.
3. **Por resultados:** Esta herramienta compara los resultados con el plan y determina a qué % del objetivo se llegó, si profundizamos un poco más podremos ver que ocasionó el éxito o fracaso. Ventaja: fácil de aplicar,

desventaja: Los resultados ya están dados, no se pueden corregir.
4. **Por tareas:** Para todas aquellas actividades que dependen solamente de que se realicen ciertas actividades. Asegurarse que se hagan.
5. **Por prohibiciones:** Declarar, comunicar y vigilar que no se realicen actividades que ponen en riesgo alguna área específica. "no fumar" por ejemplo
6. **Seguros y fianzas**: Necesarios para proteger nuestros vienes de situaciones fortuitas.

El control financiero: La base de todo

Si algo está siempre en riesgo, es el dinero. No necesitas ser un contador para hacerlo bien, pero sí necesitas ser consciente de cada peso que entra y sale de tu negocio. Sin este control, es como si estuvieras llenando un balde con un agujero en el fondo: todo tu esfuerzo se desperdicia.

1. **Ingresos y egresos:** Lleva un registro claro de cuánto dinero está entrando y cuánto estás gastando. Usa herramientas simples como hojas de cálculo o apps de contabilidad.
2. **Presupuestos:** Establece límites de gasto para cada área de tu negocio. ¿Cuánto puedes invertir en marketing este mes? ¿Y en inventario? Tener un presupuesto te ayuda a evitar sorpresas desagradables.
3. **Revisión periódica:** No basta con registrar datos. Revisa tus números semanal o mensualmente para identificar patrones y posibles problemas antes de que se vuelvan crisis.

El control operativo: Hacer que las cosas pasen y sean eficientes.

¿Tu equipo está cumpliendo con los plazos? ¿Estás entregando productos o servicios de calidad? Aquí es donde entra el control operativo. Se trata de supervisar las actividades diarias de tu negocio para garantizar que todo se haga correctamente y a tiempo.

- **Establece procesos claros:** Define los pasos necesarios para completar tareas clave. Por ejemplo, si tienes un negocio de comida, establece un estándar para el tiempo de preparación y la presentación de los platos.
- **Monitorea el desempeño:** No necesitas estar encima de tu equipo todo el tiempo, pero sí debes tener indicadores que te permitan saber si están cumpliendo con lo esperado.
- **Checklist de calidad:** Antes de entregar cualquier producto o servicio, asegúrate de que cumpla con tus estándares. La atención al detalle puede marcar la diferencia entre un cliente satisfecho y uno decepcionado.

El control estratégico: Pensando en el futuro

Es el tipo de control que te permite evaluar si tus esfuerzos actuales están alineados con tus metas empresariales.

1. **Revisión de objetivos:** ¿estás alcanzando tus metas de ventas, crecimiento o expansión? Si no, identifica qué necesitas ajustar.
2. **Análisis de mercado:** Mantente al tanto de lo que está haciendo tu competencia y de los cambios en las necesidades de tus clientes.
3. **Evaluación de recursos:** Asegúrate de que tienes lo necesario para seguir avanzando, ya sea talento humano, tecnología o financiamiento.

El control de inventarios: Ni más, ni menos

Este es generalmente el segundo activo en riesgo. Este tipo de control es especialmente importante si manejas productos físicos. ¿Sabías que el exceso de inventario puede ahogar tus finanzas y la falta de inventario puede hacerte perder clientes? Aquí es donde entra en juego el control de inventarios.

- **Registra todo:** Lleva un control exacto de cuántos productos tienes en existencia.
- **Establece mínimos y máximos:** Define un rango óptimo de inventario para evitar desperdicios o quiebres de stock.
- **Primero en entrar, primero en salir:** Este método, conocido como PEPS, es clave para productos perecederos o con fechas de caducidad.

El control del tiempo: Tu recurso más valioso

El tiempo es un recurso no renovable, y como emprendedor, debes controlarlo con más precisión que cualquier otro. Si permites que tus empleados malgasten su tiempo, tal vez no quieres verte como un empresario demasiado estricto o explotador, déjame te digo que, todo se viciará y cuando crezcas y compitas con empresas más eficientes, te costara mucho trabajo mover a un aparato viciado y llevarlo a la eficiencia. Aquí van algunos consejos prácticos:

1. **Agenda prioridades:** Dedica tiempo a las actividades que generan más valor para tu negocio. ¿Es realmente necesario que respondas todos los correos, o puedes delegarlo?
2. **Elimina distracciones:** Identifica qué está robando tiempo (redes sociales, interrupciones, tareas no prioritarias) y toma medidas para minimizar su impacto. En mi caso solo dedico 10 minutos en la mañana y 10 minutos en la noche a las redes sociales. Las noticias del día es mejor verlas en una App de noticias que pasar una hora viendo el noticiero. Está científicamente comprobado que caminar o hacer ejercicio te trae más beneficios que viendo las redes o la televisión.
3. **Mide la productividad:** Usa herramientas como temporizadores o apps de gestión del tiempo.

El control como hábito, no como castigo

Muchas personas ven el control como algo restrictivo, pero quiero que lo veas de otra forma: el control es libertad. Cuando tienes un sistema que funciona, te liberas del estrés de no saber qué está pasando en tu negocio. Además, te permite concentrarte en lo que realmente importa: hacer crecer tu empresa.

Tu próximo paso

Ahora que conoces los tipos prácticos de control, ¿cuál vas a implementar primero? Mi consejo es que comiences con lo que más te duele. ¿Tienes problemas de flujo de efectivo? Empieza con el control financiero. ¿Tus entregas llegan tarde? Dedica tiempo al control operativo.

Recuerda, emprendedor: ¡El mundo cuenta contigo! Pero para impactar al mundo, necesitas un negocio sólido y estructurado. Cada tipo de control que implementes es un paso más hacia ese objetivo. Así que no lo pienses más y ¡actúa hoy mismo! ¡Lo puedes hacer! ¡Lo vas a hacer! ¡Lo estás haciendo!

6.3 Contabilidad: La brújula que guía tu negocio.

¿Te has preguntado alguna vez por qué tantos negocios fracasan en sus primeros años? Uno de los motivos principales es la falta de control en la contabilidad. Es más que números y fórmulas; es la guía de las decisiones de tu negocio. Hoy, te voy a enseñar cómo usarla a tu favor y, sobre todo, de manera práctica.

¿Qué es realmente la contabilidad?

Comencemos desde lo básico. La contabilidad es el sistema que registra, organiza e informa las operaciones financieras de tu negocio. Es como tener un diario personal, pero para tu empresa. Cada ingreso, cada gasto y cada inversión se convierte en una pieza clave de la historia que tu negocio está escribiendo. Y créeme, esa historia importa, porque es la que te permitirá tomar decisiones con confianza.

Pero aquí va el punto clave: La contabilidad no se trata solo de cumplir con obligaciones fiscales o legales. Se trata de entender cómo está funcionando tu negocio. Si no sabes cuánto dinero entra, cuánto sale y en qué se está gastando, estás manejando tu empresa a ciegas. Y, seamos honestos, eso nunca termina bien.

¿Alguna vez has escuchado a alguien decir que los números no mienten? Bueno, déjame decirte que es completamente cierto. La contabilidad te da datos objetivos y claros. Nada de "Creo que estamos ganando dinero" o "Me parece que las ventas están bien". Aquí hablamos con hechos, no con suposiciones.

Estados financieros básicos:

1. **Estado de resultados:** Este reporte te muestra si tu negocio está ganando o perdiendo dinero en un periodo de tiempo determinado. Es como un marcador en un partido de fútbol: te dice si estás ganando o necesitas ajustar tu estrategia.
2. **Balance general:** Aquí ves una foto completa de tu negocio. ¿Cuánto tienes en activos? ¿Cuánto debes? ¿Cuál es el valor neto de tu empresa? Todo esto está en el balance.

¿Qué necesitas para empezar con la contabilidad?

Si tu negocio es muy pequeño no necesitas contratar a un equipo completo de contadores, respira. Hay herramientas y estrategias que puedes usar incluso si estás empezando con un presupuesto ajustado.

1. **Usa herramientas digitales:** Hoy en día, hay aplicaciones y software de contabilidad que son fáciles de usar y muy económicos o incluso una hoja de cálculo bien diseñada pueden ser tus mejores aliados.
2. **Establece una rutina:** Dedica un tiempo específico cada semana para revisar tus números. Puede ser una hora los lunes por la mañana o los viernes por la tarde. Lo importante es que sea constante.
3. **Asesórate cuando sea necesario:** No tienes que hacerlo todo tú solo(a). Un contador profesional puede ayudarte a organizar tu sistema contable y enseñarte lo básico para que tú lo mantengas al día.

Si tu negocio ya no es tan pequeño, te recomiendo llevar una buena contabilidad

Lo recomendable es pedir ayuda externa o contratar a un empleado que lo haga, pero se ocupa que lo haga muy bien. Tu tiempo probablemente genere más fruto en otras tareas estratégicas que invirtiéndolo en registrar tus operaciones.

¿Quieres saber por qué vale la pena el esfuerzo? Aquí tienes algunos de los principales beneficios de tener una contabilidad ordenada:

- **Tomas decisiones informadas:** ¿es buen momento para invertir en marketing? ¿Deberías contratar a más personal? Con la contabilidad al día, estas decisiones dejan de ser un salto al vacío.
- **Cumples con tus obligaciones fiscales:** Nadie quiere problemas con la autoridad fiscal de su país. Tener tu contabilidad en orden te asegura que pagarás lo justo y a tiempo.
- **Detectas problemas a tiempo:** ¿tus gastos están creciendo más rápido que tus ingresos? ¿Tienes productos que no se están vendiendo? Una buena contabilidad te muestra estos problemas antes de que se conviertan en crisis.

Cuando buscamos a algún empleado que nos lleve la contabilidad, es muy común que nos pase como cuando ocupamos vendedores, queremos alguien "barato" y aquí mi querido emprendedor te puedo decir que lo barato sale caro, no te conviene, en mi experiencia, la gran cantidad de los problemas que tienen las empresas a las que he asesorado tienen que ver con no tener información "veraz y oportuna" para tomar decisiones a tiempo. Con información valiosa se hace tan sencillo y natural corregir el rumbo de nuestro negocio.

Es más recomendable un buen contador de tiempo parcial que uno limitado todo el día. Toma en cuenta que la gran mayoría de los despachos contables que apoyan a empresas pequeñas, solo te resuelven la obligación de pago correcto de impuestos y obligaciones (Contabilidad fiscal), pero no te dan información que te sirva para la toma de decisiones (contabilidad administrativa)

Tu próximo paso

Ahora que entiendes por qué la contabilidad es esencial, quiero que tomes acción. Revisa cómo estás llevando los números de tu negocio. Si no tienes un sistema, crea uno. Si ya tienes uno, asegúrate de que sea efectivo y esté al día. Y si sientes que necesitas ayuda, ¡pídela! Nadie construye un imperio solo.

Recuerda, emprendedor, tu negocio es tan fuerte como los cimientos que le pongas. Y la contabilidad es uno de esos cimientos. No lo dejes al azar. ¡El mundo cuenta contigo y con tu éxito! ¡Manos a la obra!

6.4 Finanzas e información.

¿Sabías que las finanzas no son solo números en una hoja de cálculo? Son la columna vertebral de tu negocio. Si no manejas bien las finanzas, estás dejando que tu negocio camine por un sendero lleno de incertidumbre. Hoy, vamos a hablar de cómo convertir las finanzas y la información en tus mejores aliadas para tomar decisiones inteligentes.

La contabilidad cumple la función de registrar todas tus operaciones y realizar algunos reportes derivados de eso. Las finanzas parten de esa información, analiza, evalúa y toma acciones necesarias para mejorar las condiciones económicas de tu negocio.

El poder de la información financiera

Imagínate que estás navegando en alta mar sin un mapa. ¿Te sentirías seguro? Probablemente no. Ahora, sustituye ese mapa por la información financiera de tu negocio. ¡Esa es la guía que necesitas para mantener el rumbo hacia el éxito!

Las finanzas no son solo para los contadores o los expertos. Son para ti, emprendedor, que estás construyendo tu sueño desde cero. ¿Por qué? Porque cada decisión que tomas tiene un impacto financiero, y necesitas saber exactamente dónde estás parado. Aquí te dejo un secreto: cuando conoces tus números, también conoces tu negocio.

No se trata solo de sobrevivir; se trata de crecer. Y para crecer, necesitas una estrategia clara que esté respaldada por números. Aquí es donde las finanzas se convierten en tu brújula estratégica:

1. **Identificar oportunidades:** Con información financiera precisa, puedes identificar áreas donde invertir y crecer. Tal vez descubras que una línea de productos es mucho más rentable que otra.
2. **Evitar riesgos innecesarios:** Si estás considerando expandirte o lanzar un nuevo producto, tus finanzas te

dirán si es el momento adecuado. No querrás arriesgarte a ciegas.
3. **Planificar el futuro:** ¿tienes metas a largo plazo? Tus números te ayudarán a trazar el camino para alcanzarlas.

Herramientas para gestionar tus finanzas

No necesitas ser un genio de las matemáticas para gestionar las finanzas de tu negocio. Existen herramientas y recursos que hacen el trabajo más fácil y eficiente como **Software de gestión financiera,** programas contables comerciales pueden ayudarte a llevar un control detallado de tus ingresos, gastos y flujo de efectivo.

Como vimos en la sección anterior, los 2 estados financieros básicos son: el balance general y el estado de resultados. Si tu empresa ya no es tan pequeña deberás invitar a un tercer reporte, "Estado de flujo de efectivo," sin él, no puedes operar. Tener ventas es genial, pero si no tienes dinero en el banco para cubrir tus erogaciones diarias, estás en problemas.

El papel de la disciplina financiera

De nada sirve tener herramientas y estrategias si no las usas con disciplina. Esto significa revisar tus números regularmente, mantener registros organizados y tomar decisiones basadas en hechos, no en emociones. La disciplina financiera es lo que separa a los negocios exitosos de los que se quedan en el camino.

Reflexión: Emprendedor, tus finanzas son un aliado poderoso que puede llevarte al siguiente nivel. Pero depende de ti aprovecharlas. No importa si estás empezando desde cero o si ya tienes un negocio en marcha, siempre hay espacio para mejorar. Comprométete a revisar tus números, implementar una herramienta nueva o pedir ayuda si la necesitas. Recuerda, el mundo cuenta contigo y con tu éxito. ¡Es hora de tomar el control y construir el negocio de tus sueños! ¡Manos a la obra!

Razones financieras:

Las razones financieras son un conjunto de fórmulas sencillas que te permiten medir tu resultado y tu situación financiera, con estándares generalmente aceptados. A continuación, listaré las más indispensables para una Mipyme.

1.- Utilidad neta / ventas = Es el porcentaje de utilidad que genero tu empresa respecto a sus ventas.

2.- Utilidad neta / Activo total = Es el porcentaje de utilidad que generó tu empresa respecto a todos los activos que ocupó para obtenerla. En otras palabras, que tan bien se aprovecharon los activos.

3.- Utilidad neta / Capital social = Es el porcentaje de utilidad que generó tu empresa respecto a la inversión que tú tienes dedicada en ese proyecto. En otras palabras, que tanto rendimiento tuvo tu inversión.

4.- Capital social / activo total = De todos los bienes de la empresa, que porcentaje es de los socios.

5.- ROI: Retorno de la inversión: es medir el resultado que tuvo una inversión en un proyecto específico dentro de la empresa comparado contra no haberlo hecho.

Existen muchas otras, pero creo que con estas podrás empezar a analizar tu negocio de manera eficiente. Hay una variedad extensa de cursos de "Finanzas para no financieros" a las que puedes acudir para que ese no sea un problema que te detenga. Puedes acudir a nosotros a www.llamadoalexito.com

6.5 Control de gastos: El monstruo de mil cabezas.

¿Alguna vez has sentido que el dinero se te escapa de las manos sin saber exactamente a dónde fue? Es como si estuvieras luchando contra un monstruo de mil cabezas, donde cada cabeza representa un gasto que parece imposible de controlar. Pero déjame decirte algo: ese monstruo puede ser domesticado. Hoy vamos a enfrentarlo juntos.

El impacto de los gastos descontrolados

Antes de hablar de cómo controlar los gastos, es importante que entiendas lo que está en juego. Cuando los gastos se descontrolan (y siempre intentan hacerlo), tu negocio se convierte en una bomba de tiempo. Tal vez veas que las ventas son buenas, pero si gastas más de lo que ingresas, estás cavando un agujero del que será difícil salir.

Por eso, controlar los gastos no es solo una práctica financiera; es un acto de supervivencia. Cada peso que gastas debe tener un propósito claro, una justificación que beneficie a tu negocio. No se trata de ser avaro(a), sino estratégico. ¡El dinero que ahorres hoy puede ser la inversión que catapulte tu éxito mañana!

¿De dónde salen tantas cabezas?

El primer paso para derrotar al monstruo es identificar todas sus cabezas. Aquí tienes algunas de las más comunes:

1. **Gastos innecesarios:** Compras impulsivas, suscripciones que no usas, servicios que podrían ser reemplazados por alternativas más económicas.
2. **Falta de planificación:** Gastar sin un presupuesto es como conducir sin mapa. Podrías terminar en un lugar que no quieres estar.
3. **Costos ocultos:** Pequeños gastos que parecen inofensivos pero que, sumados, se convierten en un drenaje para tus finanzas.

4. **Ineficiencia:** Procesos que consumen más recursos de los necesarios, como un exceso de inventario o gastos operativos mal optimizados.

Cómo tomar las riendas de tus gastos

Ahora que sabes de dónde vienen los problemas, es hora de tomar acción. Aquí tienes un plan claro para controlar tus gastos y mantener al monstruo bajo control:

1. **Haz una auditoría de gastos:** Tómate el tiempo para revisar cada gasto de tu negocio. Pregúntate: ¿es necesario? ¿Está dando un retorno? ¿Podría eliminarlo o reducirlo?
2. **Crea un presupuesto:** Esto no es negociable. Un presupuesto es tu guía para gastar solo lo necesario. Divide tus gastos en categorías (operativos, marketing, personal, etc.) y establece límites para cada una.
3. **Automatiza pagos y seguimiento:** Usa herramientas como aplicaciones de gestión financiera para llevar un control detallado de tus gastos. Esto te permitirá identificar problemas rápidamente.
4. **Negocia siempre:** No aceptes el primer precio que te ofrecen. Negocia con proveedores, busca descuentos y evalúa alternativas más económicas.
5. **Evalúa el ROI (retorno de Inversión):** Antes de hacer un gasto, analiza si realmente aportará valor a tu negocio. No gastes solo porque "parece una buena idea".

La importancia de la disciplina

Controlar gastos no es algo que hagas una vez y listo. En mi experiencia, puedes llevar bien controlados los gastos, pero si te descuidas 3 meses ¡Pum! Ya subieron de nuevo. Es un proceso constante que requiere disciplina. Tendrás que revisar tus números regularmente, comparar tus gastos reales con tu presupuesto y hacer ajustes cuando sea necesario. Sí, puede ser tedioso al principio, pero los resultados valen cada minuto invertido.

Transforma tu mentalidad hacia los gastos

Cambiar la forma en que ves los gastos puede marcar la diferencia. No pienses en el control de gastos como una limitación, sino como una oportunidad para ser más eficiente y estratégico. Cada peso ahorrado es un paso más cerca de tus metas.

Piensa en esto: ¿preferirías gastar dinero sin control y vivir con estrés financiero o invertir inteligentemente y construir un negocio sólido y sostenible? La elección es tuya.

Reflexión: Emprendedor, controlar los gastos es un arte que se perfecciona con la práctica. No necesitas ser un experto financiero; solo necesitas estar dispuesto a enfrentar al monstruo y tomar las riendas de tu negocio.

Este es tu desafío: Revisa tus gastos, identifica al menos tres áreas donde puedas ahorrar y toma acción inmediata. Recuerda, cada decisión cuenta, y cada peso ahorrado es una victoria. ¡El mundo cuenta contigo para construir un negocio exitoso! ¡Es hora de domar al monstruo y mostrarle quién manda! ¡Manos a la obra!

CAPITULO 7: EL PODER DE LA ESTRUCTURA.

Introducción al Capítulo 7: La Estructura del Éxito Empresarial

¿Alguna vez te has detenido a pensar en cómo está organizada tu empresa? No importa si tienes un equipo de dos personas o de doscientas; la estructura es indispensable ¡Así es! La manera en que acomodas a tu equipo, defines roles y estableces procesos, puede ser la diferencia entre el caos total y un negocio que crece como la espuma. Ahora, aquí va la pregunta del millón: ¿estás seguro de que la estructura de tu empresa está diseñada para el éxito?

Mira, no se trata solo de repartir tareas o de improvisar sobre la marcha. ¡Eso es jugar a la ruleta rusa con tu negocio! Las empresas exitosas tienen algo en común, entienden el valor de una estructura sólida y bien pensada. Pero no te asustes, no necesitas ser un experto en organigramas. Lo que sí necesitas es claridad, enfoque, adaptarte a lo que realmente funciona y sobre todo tener la mentalidad de prosperidad, entender que tu equipo será más grande con el paso del tiempo.

En este capítulo, vamos a desmenuzar los pilares de una estructura empresarial efectiva. Hablaremos de empresas familiares, la elección de socios y hasta de cómo maduran las empresas con el tiempo. Prepárate para cuestionarte, aprender y, lo más importante, ¡para construir un negocio más fuerte y preparado para cualquier desafío!

7.1: Estructura de las Empresas.

La administración de una organización se basa en 5 pilares:

1. Planeación: Analizar los resultados históricos y proyectarlos hacia un futuro con todos sus detalles.
2. Organización: Justamente aquí se hace el organigrama, aquí defines el acomodo NECESARIO del recurso humano para el logro de los planes que hiciste.
3. Integración: Aquí haces realidad el organigrama junto con todos los otros recursos que se ocupan para tu operación: Espacio, maquinaria, inventarios, etc.
4. Dirección: Aquí lideras al equipo para llegar al objetivo. *Ampliaremos en el tema del liderazgo en el capítulo 8.
5. Control: Aquí implementas las medidas necesarias para asegurar razonablemente el logro de tus planes. *Como lo vimos en el capítulo 6.

¿Alguna vez has sentido que tu negocio se mueve en círculos? Trabajas duro, pones todo tu empeño, pero parece que no avanzas como quisieras. Déjame decirte algo, muchas veces el problema no está en cuánto te esfuerzas, sino en la falta de una buena estructura. La estructura de tu empresa es el esqueleto que sostiene todo lo que haces. Sin ella, no importa qué tan grande sea tu visión o qué tan buenos sean tus productos; el caos terminará por devorarlo todo.

¿Por qué es tan importante la estructura?

Piensa en una casa. No importa cuán hermosa sea por fuera; si los cimientos son débiles o no hay un buen diseño, tarde o temprano se vendrá abajo. Tu empresa es exactamente igual. Una estructura sólida no solo define cómo funcionan las cosas, sino también cómo interactúan todas las partes de tu negocio. Desde el departamento de ventas hasta la atención al cliente, cada engranaje debe estar en su lugar.

¡Aquí viene el detalle importante! Tener una estructura no significa burocracia. No queremos convertirte en una de esas empresas llenas de procesos lentos y reuniones interminables.

Lo que queremos es darte claridad, eficiencia y, sobre todo, una base que te permita crecer sin que todo se desmorone.

Los pilares básicos de una estructura empresarial

1. **Roles y responsabilidades claras**
Si en tu empresa todos hacen de todo, nadie hace nada bien. Uno de los errores más comunes en las pequeñas empresas es la falta de definición de roles. ¿Quién es el encargado de ventas? ¿Quién lleva las finanzas? ¿Quién asegura que los clientes estén satisfechos? Sin respuestas claras, terminas perdiendo tiempo, energía y, lo más importante, ¡dinero!
2. **Definición de la línea de mando (niveles jerárquicos):** Quien le reporta a quien, evitar la duplicidad de liderazgo.
3. **Procesos definidos**
No, no estamos hablando de crear manuales de 500 páginas. Los procesos son simplemente el "cómo" haces las cosas. ¿Cómo atiendes a un cliente? ¿Cómo gestionas una queja? ¿Cómo manejas un pedido? Tener procesos definidos te ayuda a ser consistente. Y en los negocios, la consistencia es clave.
4. **Comunicación efectiva**
Una empresa con mala comunicación está condenada al fracaso. Si no tienes un sistema claro para compartir información, las cosas se complican. Los mensajes se pierden, las tareas se duplican y los problemas crecen. Asegúrate de que todos en tu equipo sepan qué está pasando y qué se espera de ellos.
5. **Adaptabilidad**
El mercado cambia, y tu estructura debe ser lo suficientemente flexible para adaptarse. No tengas miedo de ajustar las cosas cuando sea necesario. Recuerda, una estructura no es un molde rígido; es una base que puedes modificar para que siempre se ajuste a tus necesidades.
6.

Cómo construir una estructura desde cero

Si estás empezando, puede que todo esto te suene abrumador, pero no te preocupes. ¡Vamos paso a paso!

1. **Define tu visión y objetivos**
   Antes de pensar en roles o procesos, necesitas claridad sobre lo que quieres lograr. Tu visión es el norte que guiará todo. ¿Quieres ser el líder en tu industria? ¿Quieres tener el mejor servicio al cliente? Define eso primero.
2. **Haz un organigrama básico**
   No necesitas software caro ni diseños complejos. Solo dibuja un esquema que muestre quién hace qué. Si estás solo, esto te ayudará a visualizar todas las áreas que debes cubrir. Si tienes un equipo, asigna roles según las fortalezas de cada persona.
3. **Prioriza lo esencial**
   No trates de hacerlo todo de golpe. Empieza por los aspectos más críticos: ventas, atención al cliente y operaciones. A medida que crezcas, podrás añadir más detalles y refinamientos.
4. **Establece métricas**
   Una buena estructura no solo define cómo haces las cosas, sino también cómo evalúas si lo estás haciendo bien. Define métricas claras para cada área. Por ejemplo, en ventas, podrías medir el número de clientes atendidos o el porcentaje de cierres exitosos.

Errores comunes al estructurar una empresa

1. **Querer hacerlo todo tú mismo**
   Sí, entiendo que amas tu negocio y que quieres que todo salga perfecto. Pero tratar de hacerlo todo tú es la receta para el agotamiento. Aprende a delegar. Confía en tu equipo y dales las herramientas para brillar.
2. **Imitar a otras empresas sin adaptarlo a tu realidad**
   Lo que funciona para una multinacional no

necesariamente funcionará para ti. Asegúrate de que tu estructura se ajuste a tu tamaño, industria y objetivos.

3. **Ignorar la cultura empresarial**
Una buena estructura no es solo procesos y organigramas; también es la cultura que creas. ¿Qué valores promueves? ¿Cómo tratas a tu equipo y a tus clientes? La cultura es el pegamento que mantiene todo unido.

El poder de una estructura sólida

Imagina una empresa donde todos saben exactamente qué hacer, cómo hacerlo y por qué es importante. Una empresa donde los problemas no se convierten en crisis porque hay procesos claros para manejarlos. Una empresa que puede crecer sin miedo a que el caos tome el control. Suena bien, ¿verdad? Esa es la magia de una buena estructura.

No basta con crearla; también debes mantenerla. Revisa tu estructura regularmente. Pregunta a tu equipo qué funciona y qué no. Y, sobre todo, mantén la flexibilidad para adaptarte a los cambios.

Probablemente te ha tocado ver un partido de soccer donde el equipo de las estrellas pierde con un equipo si bien más nuevo, perfectamente coordinado y en donde cada uno está motivado y tiene la claridad de su responsabilidad ¡Esa puede ser tu empresa! Probablemente tu contrataste un par de manos para hacer alguna labor básica en tu negocio, pero ¡Te diré algo! Ese par de manos viene con un cerebro completito integrado, así es, confía en la gente, prepáralos, desarróllalos y veras su potencial.

Reflexión: Tu empresa es un reflejo de ti. Si eres organizado, claro y enfocado, tu negocio lo será también. Si decides construir una estructura sólida, no solo estás creando un negocio más fuerte; estás construyendo un legado. ¡Así que no pierdas más tiempo! Revisa cómo está estructurada tu empresa y empieza a hacer los cambios necesarios hoy mismo.

¿Qué esperas? ¡El éxito te está esperando al otro lado de la acción!

7.2: Empresas Familiares: El Desafío de Combinar Sangre y Negocio.

¡Ah, las empresas familiares! Ese maravilloso universo donde los sueños emprendedores se entrelazan con los lazos de sangre. Pero seamos sinceros, ¿quién no ha escuchado alguna vez una historia de terror sobre negocios familiares que terminan en discusiones, separaciones y hasta enemistades? Sin embargo, cuando una empresa familiar está bien estructurada, puede ser una máquina imparable de éxito y legado. Vamos a desmenuzar este fascinante tema para que descubras cómo manejarlo con maestría.

¿Por qué apostar por una empresa familiar?

No hay duda de que iniciar un negocio con tus seres queridos tiene sus ventajas. ¿Quién mejor que tu propia familia para compartir tus sueños, trabajar en equipo y construir un futuro juntos? Adicionalmente un gran porcentaje de las grandes empresas de hoy, empezaron como una empresa familiar. Aquí te dejo algunas razones de peso para apostar por una empresa familiar:

1. **Confianza natural**
   Con la familia, la confianza viene de fábrica. Sabes quiénes son, qué valores tienen y qué esperar de ellos. Esto reduce los riesgos que suelen aparecer cuando trabajas con desconocidos.
2. **Pasión compartida**
   Un negocio familiar no solo es un proyecto; es una misión. Cuando toda la familia está alineada hacia un objetivo común, la motivación es poderosa.

3. **Resiliencia en tiempos difíciles**
La familia es ese equipo que no abandona el barco en la tormenta. Juntos, pueden superar cualquier obstáculo porque saben que no solo están luchando por un negocio, sino por su legado.

Los desafíos de las empresas familiares

Pero, como todo en la vida, también existen retos. Y aquí es donde muchos tropiezan. No te preocupes, porque reconocer los desafíos es el primer paso para superarlos.

1. **Confundir los roles**
Uno de los mayores errores es llevar los conflictos familiares al negocio o, peor aún, trasladar los problemas del negocio a la mesa del comedor. ¡Ojo con esto! La falta de claridad en los roles puede convertirse en una bomba de tiempo.
2. **Falta de profesionalismo**
Muchas empresas familiares caen en el error de priorizar el parentesco sobre el talento. Dar un puesto a alguien solo por ser "de la familia" puede ser el principio del fin si esa persona no está capacitada para el trabajo.
3. **Resistencia al cambio**
Las empresas familiares tienden a aferrarse a las tradiciones. Pero recuerda, lo que funcionó hace 20 años puede no funcionar hoy. Es vital estar abiertos a la innovación y adaptarse al mercado.
4. **Dificultades en la sucesión**
Este es un tema delicado. Muchas familias no se preparan para el momento en que la primera generación debe pasar la batuta. Sin un plan claro de sucesión, el negocio puede tambalearse.
*Ampliaremos este tema en el capítulo 9.

Claves para gestionar una empresa familiar con éxito

Ahora que sabemos cuáles son los retos, hablemos de soluciones. ¿Cómo puedes asegurarte de que tu empresa familiar no solo sobreviva, sino que prospere? Aquí tienes algunas estrategias clave:

1. **Define roles y responsabilidades**
   Sí, sé que suena repetitivo, pero es fundamental. Desde el día uno, cada miembro de la familia debe saber exactamente cuál es su papel. Esto evita malentendidos y asegura que todos estén en la misma página.

   Tip práctico: Crea un organigrama, aunque sea básico. Visualizar los roles ayuda a clarificar las responsabilidades.

   Los 3 roles:

   a) El de dueño: Si eres socio o propietario de la empresa tienes autoridad sobre la misma en proporción a tu % de propiedad de ésta. Esto te da derecho sobre las utilidades, pero *Ojo: también deberás responder por las pérdidas si algo sale mal. El ser dueño no te da derecho propiamente a un sueldo, salvo que adicionalmente a ser dueño trabajes ahí mismo, a fin de cuentas, tú eres el dueño, tú lo decides.

   b) El rol de trabajador o empleado: Lógicamente para ser empleado no se necesita ser socio o dueño, pero como dueño si puedes; si así lo decides; trabajar de tiempo parcial o total ahí. El trabajar ahí da derecho al sueldo y sus prestaciones, pero no da derecho a los bienes ni a las utilidades de la compañía. (En algunos países los trabajadores tienen derecho por ley a una pequeña porción de las utilidades). En este rol, lo más importante es que quien trabaje en la empresa sea o no dueño(a) o familiar, se

sujete a un organigrama y sus responsabilidades.
c) Ser familiar, podría decirse que un familiar por sí mismo, no tiene derecho a sueldo (salvo que trabaje ahí), ni a los bienes o utilidades (salvo que también sea socio), y, por lo tanto, no tiene autoridad legal pero, ¡Eso está por verse! Habrá que ver cuántos empleados despedidos ha habido, porque la esposa, el hijo o la suegra del dueño se sintieron mal vistos, o cuantas decisiones importantes se han tomado mal porque afectaban el plan vacacional de la familia.

2. **Establece reglas claras**
Las reglas son la columna vertebral de cualquier negocio, y las empresas familiares no son la excepción. Define políticas sobre contratación, manejo de conflictos y toma de decisiones. Y, lo más importante, asegúrate de que todos las respeten.

3. **Separa lo personal de lo profesional**
Puede ser difícil, pero es crucial. Establece límites claros entre el negocio y la vida familiar. Por ejemplo, evita discutir temas laborales en reuniones familiares o cenas.

4. **Invierte en capacitación**
No des por sentado que tus familiares saben todo lo necesario para manejar el negocio. Invierte en su desarrollo profesional. Cursos, talleres y mentorías pueden marcar la diferencia.

5. **Planifica la sucesión**
Este es un tema que muchos prefieren evitar, pero es vital. Desde el principio, define cómo será el proceso de sucesión. ¿Quién tomará las riendas cuando tú ya no estés al frente? ¿Cómo se tomará esa decisión? Hablar de esto a tiempo puede evitar muchos problemas en el futuro.

Historias de éxito:

Un gran ejemplo es Walmart, fundada por Sam Walton y todavía controlada en gran parte por su familia. Otro caso es Samsung, que comenzó como una pequeña empresa familiar y ahora es un gigante global.

¿Qué tienen en común estas empresas? Una visión clara, estructura sólida, respeto de los roles y un compromiso inquebrantable con la excelencia. Si ellos pudieron, ¡tú también puedes hacerlo!

Reflexión: Una empresa familiar es más que un negocio; es un legado. Es la oportunidad de construir algo que trascienda generaciones y que sea motivo de orgullo para tu familia. Pero recuerda, esto no sucederá por arte de magia. Requiere esfuerzo, comunicación y, sobre todo, compromiso.

Ahora es tu turno. Revisa la estructura de tu empresa familiar. Habla con tu equipo, define roles, establece reglas y trabaja en tu plan de sucesión. No dejes que los desafíos te detengan. ¡Tú puedes construir un negocio familiar sólido, exitoso y duradero!

¿Qué esperas para empezar? ¡El mundo cuenta contigo!

7.3: Socios: Construyendo Alianzas Estratégicas para el Éxito.

Primero que nada, debo decir, que en la mayoría de los países existe la figura de la persona moral, es decir, un ente u organización que se crea para un fin (por ejemplo, generar riqueza), y generalmente propiedad de varias personas físicas. A los dueños parciales de la persona moral se les suele llamar socios.

Hablar de socios en un negocio es como hablar de matrimonio: una relación que puede llevarte a la cima o arrastrarte al fondo si no se maneja con cuidado. ¿Te suena exagerado? Pues déjame decirte algo: elegir un socio es una de las decisiones más importantes que tomarás como emprendedor. Es un compromiso que implica confianza, visión compartida y, sobre todo, un entendimiento mutuo. Así que, antes de lanzarte de cabeza, vamos a desglosar todo lo que necesitas saber para encontrar (o trabajar mejor con) ese socio ideal.

¿Por qué tener un socio?

Antes que nada, aclaremos: no todos los negocios necesitan socios. Pero, en muchos casos, un buen socio puede ser la clave para escalar tu emprendimiento. Aquí te dejo algunas razones por las que considerar esta opción:

1. **Complemento de habilidades**
   ¿Eres un crack en ventas, pero la administración no es tu fuerte? Un socio con habilidades complementarias puede llenar esos vacíos y hacer que el negocio funcione como una máquina bien aceitada. Aunque en ese caso, siempre tendrás la opción de contratar a un buen administrador como empleado.
2. **Apoyo emocional y estratégico**
   Emprender es un camino solitario, pero tener a alguien con quien compartir las victorias y las derrotas puede marcar una gran diferencia. Un socio es tu cómplice, alguien que entiende lo que significa estar en las trincheras.
3. **Compartir riesgos y responsabilidades**
   Llevar un negocio es una carga pesada. Un socio confiable puede ayudarte a repartir las tareas y los riesgos, haciendo que el viaje sea más manejable.

¿Cómo elegir al socio ideal?

Aquí es donde muchos emprendedores tropiezan. No se trata solo de elegir a alguien que te caiga bien o con quien tengas afinidad, hacer una sociedad con tu amigo(a) de fiesta, pudiera resultar en un desastre. Esto es un negocio, y necesitas ser estratégico.

1. **Visión compartida**
   Antes de firmar cualquier acuerdo, asegúrate de que ambos tengan objetivos similares para el negocio. ¿Quieren crecer rápidamente o prefieren mantenerlo pequeño y manejable? ¿Buscan impacto social o simplemente maximizar las ganancias? Hablar de esto desde el principio evitará conflictos en el futuro.
2. **Valores alineados**
   Los valores son el ADN de cualquier relación, y los negocios no son la excepción. Si tú valoras la honestidad y la transparencia, pero tu socio está dispuesto a tomar atajos éticos, la relación está destinada al fracaso.
3. **Compatibilidad de trabajo**
   ¿Es alguien que respeta los tiempos y compromisos? Estas son preguntas clave. Un socio puede tener una visión impresionante, pero si sus hábitos de trabajo chocan con los tuyos, el conflicto es inevitable.
4. **Habilidades complementarias**
   Como mencioné antes, la clave está en encontrar a alguien que aporte lo que tú no tienes. Si ambos son buenos en lo mismo, el negocio tendrá un punto débil. Por ejemplo, si tú eres creativo, busca a alguien más analítico.
5. **Confianza y comunicación**
   Este punto no se puede subestimar. Sin confianza, cualquier relación está destinada al fracaso. Además, la comunicación constante y abierta es esencial para resolver problemas antes de que se conviertan en crisis.
6. **Socios o compañeros de trabajo:** Se deben aclarar los porcentajes de propiedad, pero también el tiempo laboral que le dedicará cada uno, es muy común

pensar "Yo soy socio, entonces podré asignarme un sueldo", si trabajas en el proyecto si, de acuerdo con el organigrama y tu nivel de responsabilidad.

Errores comunes al buscar un socio

Ahora bien, hablemos de los errores. Aquí tienes una lista de lo que NO debes hacer:

1. **Elegir a un amigo solo por la amistad**
   Es tentador asociarte con un amigo cercano, pero ten cuidado. La amistad no garantiza que sean compatibles como socios. Muchas relaciones personales se han destruido por conflictos empresariales.
2. **No establecer acuerdos formales**
   "Somos amigos, no necesitamos un contrato." ¡Error! Siempre, y repito, siempre, establece acuerdos claros y por escrito. Esto incluye roles, responsabilidades, participación en las ganancias y qué pasará si uno de los dos decide salir del negocio.
3. **Ignorar las señales de alerta**
   Si notas que tu posible socio tiene problemas para comprometerse, no es transparente o simplemente no inspira confianza, escúchalo. Es mejor detenerse antes de que sea demasiado tarde.

El acuerdo de socios: Tu seguro contra conflictos

Una vez que encuentres al socio ideal, es hora de poner todo en papel. Este documento será tu mapa de navegación y evitará malentendidos en el futuro. ¿Qué debe incluir? Aquí algunos puntos clave:

Como elegir al socio ideal:

1. **Roles y responsabilidades**
   Define quién hará qué. Esto no solo evita conflictos, sino que también asegura que el negocio avance de manera eficiente.
2. **Participación accionaria**
   Establece quién posee qué porcentaje del negocio y cómo se manejarán futuras inversiones o ventas de acciones.
3. **Plan de resolución de conflictos**
   Aunque no quieras pensar en esto, los conflictos son inevitables. Define cómo se resolverán para evitar que se conviertan en problemas mayores.
4. **Términos de salida**
   ¿Qué pasa si uno de los socios quiere dejar el negocio? Establecer un protocolo para esto desde el principio puede salvar el negocio (y la relación personal).

Historias de éxito y fracaso: Lo que podemos aprender

Tomemos como ejemplo a Steve Jobs y Steve Wozniak, los fundadores de Apple. Sus habilidades eran complementarias: Jobs era el visionario y vendedor, mientras que Wozniak era el genio detrás de la tecnología. Juntos, construyeron una de las empresas más exitosas del mundo.

Por otro lado, tenemos casos como el de Facebook, donde la relación entre Mark Zuckerberg y Eduardo Saverin terminó en una batalla legal. ¿La lección? La falta de acuerdos claros y comunicación puede destruir incluso las ideas más prometedoras.

Lo cierto es que el mundo está lleno de historias en donde amigos o incluso familiares quedaron enemistados toda la vida por diferencias graves a la hora de operar una sociedad.

Reflexión: Un buen socio no es solo alguien con quien compartes un negocio; es alguien que te complementa, te reta y te apoya en el camino. Juntos, pueden construir algo más grande de lo que jamás imaginaron por separado. Pero recuerda, esta relación requiere esfuerzo, comunicación y compromiso mutuo.

Así que, ¿estás listo para encontrar al socio ideal? O, si ya tienes uno, ¿estás preparado para fortalecer esa relación y llevar tu negocio al siguiente nivel? ¡El mundo cuenta contigo, emprendedor! Ahora sal y encuentra a ese aliado estratégico que marcará la diferencia en tu camino al éxito. ¡Tú puedes hacerlo!

7.4: Niveles de Empresas Según Su Madures.

¡Bienvenido al fascinante universo del crecimiento empresarial! ¿Alguna vez te has preguntado en qué nivel está tu empresa y cómo llevarla al siguiente? Hoy, vamos a desglosar las etapas que atraviesa un negocio desde su nacimiento hasta convertirse en un gigante en su industria. Esto no solo te ayudará a entender dónde estás parado, sino que te dará claridad sobre lo que necesitas para avanzar.

Cada nivel tiene sus propios retos, aprendizajes y recompensas, y como emprendedor, tu tarea es dominar cada etapa para garantizar un crecimiento sólido y sostenible. ¡Así que prepárate, porque este es el viaje de tu empresa hacia el éxito!

El Ciclo de Vida de una Empresa: Una Perspectiva General

Antes de entrar en detalles, pensemos en la empresa como si fuera una persona. Cuando nace, necesita cuidados constantes. Cuando crece, enfrenta los dolores del cambio y la adaptación. Y cuando madura, debe mantenerse fuerte para no estancarse. Así como en la vida, en los negocios cada etapa es crucial y construye el camino para la siguiente.

1. Etapa de Inicio: La Semilla de un Sueño

En esta fase, tu empresa es como un bebé: frágil, demandante y completamente dependiente de ti. Aquí es donde todo comienza. Desde la idea inicial hasta los primeros pasos para materializarla.

Características principales:

- Recursos: Son 100% tuyos generalmente. Son limitados. Con frecuencia, estás haciendo malabares con un presupuesto reducido.
- Tu tiempo: Es común que dediques el 100% de tu tiempo en el proyecto.
- Alta incertidumbre: ¿funcionará tu idea? Esa es la gran pregunta
- Enfoque en supervivencia: El objetivo principal es generar tracción y probar que tu producto o servicio tiene demanda.

Retos comunes:

- Encontrar clientes iniciales.
- Gestionar el flujo de efectivo (¡el dinero se acaba rápido!). y no entra constantemente.
- Construir credibilidad en el mercado.

Claves para avanzar:

- **Validar tu oferta de valor:** Habla con clientes potenciales, escucha su retroalimentación y ajusta tu propuesta si es necesario.
- **Concentra tus esfuerzos:** No intentes abarcar demasiado. Domina un nicho antes de expandirte.
- **Hazlo todo tú mismo, pero no para siempre:** En esta etapa, probablemente estarás haciendo de todo, desde ventas hasta contabilidad, pero planea cómo delegar en el futuro.

2. Etapa de Crecimiento: La Adolescencia Empresarial

Si tu negocio sobrevive la etapa inicial, felicidades: estás entrando en la adolescencia empresarial. Aquí, las cosas empiezan a moverse rápido. Tienes más clientes, más ingresos, y probablemente un equipo pequeño.

Características principales:

- Recursos: Generalmente siguen siendo tuyos o tal vez ya empiezas a usar dinero ajeno, socios, proveedores, bancos.
- Tu tiempo: Sigues invirtiendo generalmente el 100% de tu tiempo, pero ahora ya usas el tiempo de otras personas. Empiezas a formar tu equipo, empiezas a delegar.
- Crecimiento acelerado: Las ventas están despegando y las operaciones se están expandiendo.
- Definición de procesos: Necesitas crear sistemas para manejar la carga de trabajo creciente y que sea consistente.

Retos comunes:

- Evitar el descontrol. El crecimiento desordenado puede ser un arma de doble filo.
- Mantener la calidad. Es fácil que la atención al cliente o la calidad del producto se vean afectadas.
- Equilibrar ingresos y gastos. Aunque ganes más, también estás gastando más.

Claves para avanzar:

- **Invierte en tu equipo:** Contrata personas que compartan tu visión y que puedan asumir responsabilidades clave.

- **Automatiza y organiza:** Usa tecnología y procesos para que las operaciones sean más eficientes.
- **Reinvierte en el negocio:** Es tentador gastar las ganancias, pero reinvertir en áreas clave (marketing, desarrollo de productos) es la mejor decisión.

3. Etapa de Madurez: Consolidando

En esta etapa, tu empresa es como un adulto: estable, fuerte y con la capacidad de enfrentar retos mayores. La mayoría de las empresas exitosas aspiran a llegar aquí.

Características principales:

- Recursos: Sigues teniendo capital ahí pero ahora te apalancas con eficacia, sacas más provecho del dinero ajeno: socios, bancos, proveedores o incluso bolsa de valores
- Tu tiempo: Tu eres el estratega. Habrás traspasado parte importante de la responsabilidad de la operación a otros. Usas el tiempo de otros. Pero no por eso pierdes el control de la visión y la estrategia.
- Flujo de efectivo constante.
- Marca reconocida y respetada.
- Operaciones eficientes y estructuradas.

Retos comunes:

- Evitar la complacencia. El éxito puede hacer que pierdas el hambre de innovar.
- Manejar la competencia. Ahora que eres visible, otros querrán arrebatarte tu lugar.
- Adaptarte al cambio. Las tendencias del mercado, la tecnología y las necesidades de los clientes cambian constantemente.

Claves para avanzar:

- **Innova constantemente:** Nunca dejes de mejorar tus productos o servicios.
- **Diversifica:** Busca nuevas fuentes de ingresos o expande tu alcance.
- **Cuida tu equipo:** Mantén a tus empleados motivados y alineados con la visión de la empresa.

4. Etapa de Renovación:

Aquí es donde muchos empresarios pierden el rumbo. Una empresa madura enfrenta dos caminos: renovarse o entrar en declive. Es un momento crítico, y tu habilidad para adaptarte será la clave para sobrevivir.

Características principales:

- Recursos: Generalmente la gran mayoría de los recursos son ajenos. Usas dinero ajeno para generar riqueza. Sigue habiendo inversión tuya.
- Tu tiempo: Ti tiempo es tuyo, formaste un equipo que hace las cosas mejor que tú. Usas completamente el tiempo de otros.
- La competencia es feroz.
- Los márgenes de ganancia pueden reducirse.
- El mercado podría estar saturado o cambiar rápidamente.

Retos comunes:

- Identificar nuevas oportunidades.
- Romper con viejos hábitos o procesos que ya no funcionan.
- Mantener el entusiasmo y la energía en el equipo.

Claves para avanzar:

- **Escucha a tu mercado:** Los clientes te dirán qué necesitan, incluso si no lo expresan directamente.
- **Apuesta por la tecnología:** Las herramientas digitales pueden transformar la forma en que operas.
- **Rodéate de líderes:** Si estás en esta etapa, probablemente necesites expertos que te ayuden a redirigir el barco.

Ejemplo Inspirador: Amazon

Pensemos en Amazon. Jeff Bezos comenzó vendiendo libros desde su garage. Esa fue la etapa de inicio. Cuando las ventas despegaron, pasó a la etapa de crecimiento, expandiendo su oferta a diferentes categorías. Ahora, Amazon es el ejemplo perfecto de una empresa madura, con operaciones globales, millones de clientes y una infraestructura impresionante. Pero ¿qué hizo Amazon en la etapa de renovación? Innovó. Lanzaron servicios como Amazon Web Services, diversificando su modelo de negocio. Esa es la clave para mantenerse relevante.

Reflexión: El éxito de una empresa no es un destino, es un viaje. Identificar en qué etapa estás y enfocarte en las prioridades correctas es lo que hará que tu negocio avance al siguiente nivel. ¿Estás en el inicio? ¡Haz que esa idea cobre vida! ¿En crecimiento? Consolida tus bases. ¿Eres un titán? No te duermas en tus laureles.

El mundo necesita lo que tienes para ofrecer, emprendedor. Cada etapa tiene su magia, sus retos y sus aprendizajes. Así que no te detengas. ¡Es hora de llevar tu negocio más allá de lo que creías posible! ¡Tú puedes hacerlo! ¡Vamos por más!

Conclusión del Capítulo 7: Construyendo Empresas que Trascienden

¡Llegaste al final de este capítulo, emprendedor! Y qué viaje más increíble hemos recorrido. Hablamos de estructuras, de empresas familiares, de la importancia de elegir bien a tus socios y de cómo las empresas evolucionan con el tiempo. Ahora, la pregunta es: ¿qué vas a hacer con todo esto?

No importa si tu empresa está en pañales, si apenas estás dando forma a esa idea o si ya tienes un negocio en marcha. Lo importante es que ahora tienes el conocimiento y la claridad para tomar decisiones estratégicas. Sabes dónde estás y hacia dónde puedes llegar. ¿El próximo paso? ¡Actuar!

Recuerda que liderar una empresa es como navegar un barco: el capitán eres tú. Y aunque las aguas sean inciertas, siempre hay una manera de avanzar si tienes el mapa correcto. Este capítulo te ha dado algunas herramientas esenciales, pero el verdadero trabajo empieza contigo.

Así que no te detengas aquí. Vive tu pasión, ajusta las velas y sigue adelante. El mundo cuenta contigo, emprendedor. ¡Es hora de construir empresas que no solo generen ganancias, sino que dejen un impacto real! ¡Lo puedes hacer, lo vas a hacer y ya lo estás haciendo!

DESPIERTA, es tu turno de cambiar al mundo.   www.llamadoaléxito.com

CAPITULO 8: LIDERAZGO.

Conecta, inspira y transforma a tu equipo.

Introducción:

¿Sabías que el éxito de una empresa no depende solo de sus productos o servicios, sino de cómo está liderada? Un gran líder no es aquel que lo hace todo, sino quien sabe inspirar, guiar y potenciar a su equipo. ¡Sí, emprendedor, te hablo a ti! Este capítulo es tu guía definitiva para convertirte en el motor que lleva a tu organización al siguiente nivel.

Ser líder no es solo tener un título o dar órdenes; es una gran responsabilidad y, al mismo tiempo, una oportunidad única de transformar tu empresa desde adentro. Aquí descubrirás que el liderazgo es más que carisma, que delegar es un arte, y que el trabajo en equipo puede ser tu arma secreta para superar cualquier desafío. ¿Te suena complicado? No lo es, si estás dispuesto a escuchar, aprender y actuar.

Este capítulo te llevará paso a paso por los fundamentos del liderazgo organizacional. Desde construir relaciones sólidas con tu equipo hasta romper la resistencia al cambio, cada sección está diseñada para que apliques estos conceptos de inmediato. ¿Estás listo para liderar con propósito? El mundo cuenta contigo. ¡Es hora de dar el primer paso!

8.1 Liderazgo Organizacional.

Lo que marca la diferencia es el liderazgo. Sí, tú como líder eres el corazón y el cerebro de tu organización. ¡El éxito empieza contigo! se trata de construir un entorno donde las personas den lo mejor de sí mismas. El líder no es el que tiene todas las respuestas, sino el que sabe hacer las preguntas correctas y crea el espacio para que su equipo brille. Si esto te suena desafiante, no te preocupes. Aquí estamos para desglosarlo juntos.

¿Qué es el liderazgo organizacional?

Hablemos claro: Liderar no es mandar. Liderar es influir, es conectar, es generar impacto. Es la capacidad de movilizar a tu equipo hacia una visión compartida y mantenerlos motivados para llegar a ella. ¿Cómo lo haces? Escuchando, observando y, sobre todo, actuando. Un líder no predica desde el escritorio; un líder inspira con el ejemplo.

Por ejemplo, piensa en esos momentos difíciles en tu negocio. ¿Cómo reaccionas cuando las cosas se ponen feas? ¿Te hundes en la preocupación o buscas soluciones mientras animas a tu equipo? La forma en que lideras en esos momentos define no solo tu carácter, sino también la dirección de tu empresa.

Las cualidades de un líder efectivo

Un buen líder combina cabeza, corazón y manos. Es decir, estrategia, empatía y acción. Vamos a desglosarlo:

1. **Visión clara**: No puedes llevar a tu equipo a un lugar que no conoces. Define tus objetivos y asegúrate de que todos en tu organización los entiendan. ¿Cómo? Habla de ellos constantemente, sé un predicador de tu visión.
2. **Comunicación efectiva**: Un líder sabe escuchar y sabe hablar. La comunicación no es solo decir qué hacer, es también entender qué necesitan tus empleados. ¿Cuándo fue la última vez que te sentaste a preguntar cómo se siente tu equipo?

3. **Empatía**: Ser líder no significa ser frío o distante. Es conectarte con las emociones de tu gente. Si entiendes lo que les preocupa y lo que los motiva, tendrás aliados incondicionales.
4. **Resiliencia**: El camino no siempre será fácil. Habrá caídas, fracasos y momentos de incertidumbre. ¿Sabes qué hace un verdadero líder? Aprende, se levanta y sigue avanzando. ¡El liderazgo no es un sprint, es una maratón!
5. **Autenticidad**: No intentes ser alguien que no eres. Lidera desde tus valores y principios. Si eres genuino, tu equipo confiará en ti.

Liderazgo con propósito

Un líder sin propósito es como andar sin rumbo, no tienes dirección. Define el propósito de tu empresa y deja que eso sea tu faro. ¿Por qué existe tu negocio? ¿Qué impacto quieres dejar en tus clientes y en el mundo? Cuando tienes claro tu "por qué," el "cómo" se vuelve mucho más fácil. ¿Cuál es tu propuesta única de valor? ¿Qué problema resuelve? ¿Cómo lo llevarán al mercado?

Por ejemplo, si tu propósito es mejorar la calidad de vida de tus clientes, eso se reflejará en cómo lideras a tu equipo. Los motivarás a ser mejores cada día porque saben que están contribuyendo a algo más grande que ellos mismos.

Liderazgo adaptativo:

El mundo cambia, las industrias cambian, y tú también debes hacerlo. Ser un líder adaptativo significa estar dispuesto a aprender y a reinventarte constantemente. Esto no solo te mantiene relevante, sino que también inspira a tu equipo a ser flexibles y proactivos.

¿Sabías que muchas de las empresas más exitosas han logrado sobrevivir porque sus líderes supieron adaptarse? Amazon no comenzó como el gigante que es hoy Jeff Bezos, tuvo que tomar decisiones arriesgadas y cambiar su estrategia más de una vez. ¡Eso es liderazgo adaptativo en acción!

Liderar en tiempos de incertidumbre

Las crisis son inevitables, pero también son una prueba de fuego para los líderes. En tiempos difíciles, tu equipo te mirará en busca de guía y estabilidad. Aquí hay algunas claves para liderar en la incertidumbre:

1. **Mantén la calma**: Si pierdes los estribos, tu equipo lo hará también. Sé el ancla emocional de tu organización.
2. **Comunica con frecuencia**: En momentos de crisis, la comunicación se vuelve más importante que nunca. Asegúrate de que todos estén informados. Escucha sugerencias.
3. **Prioriza**: No intentes resolver todo al mismo tiempo. Enfócate en lo que es más importante y actúa rápidamente.

Conclusión: ¡El líder que el mundo necesita eres tú!

Ser un líder organizacional efectivo no es algo que ocurre de la noche a la mañana. Es un proceso continuo de aprendizaje, de prueba y error, de crecimiento personal y profesional. Pero aquí está la buena noticia: tienes todo lo que necesitas para ser un gran líder. Solo tienes que creértelo y actuar.

Así que, emprendedor, ¿qué estás esperando? Tu equipo, tu negocio y el mundo necesitan un liderazgo auténtico, valiente y visionario. ¡Y ese líder eres tú! Ahora, ve y demuestra de qué estás hecho. ¡El éxito está esperando!

8.2 Delegar: El Arte de Multiplicarte sin Perder el Control.

¿Te has sentido alguna vez como un malabarista con demasiadas pelotas en el aire? Entre las ventas, el manejo de clientes, los números, y hasta las publicaciones en redes sociales, parece que no hay suficientes horas en el día. ¿Te suena familiar? Bueno, emprendedor, ¡No tienes que hacerlo todo tú solo! Delegar es la clave para liberar tu tiempo, multiplicar tu impacto y llevar tu negocio al siguiente nivel.

¿Por qué delegar es tan importante?

Es una necesidad para cualquier líder que quiera crecer. Aquí está el punto clave: si intentas controlarlo todo, te conviertes en el cuello de botella de tu empresa. ¿Sabías que muchas empresas fracasan porque sus líderes no saben soltar? ¡Es una verdad incómoda pero real! Delegar no significa perder el control, sino aprender a confiar y a construir un equipo que pueda complementar tus habilidades.

Piensa en las empresas más exitosas del mundo. ¿Crees que sus líderes lo hacen todo? Imposible. Ellos se enfocan en lo que mejor saben hacer y confían en su equipo para que maneje el resto. Esa es la magia de delegar, te permite ser el estratega, el visionario, mientras tu equipo se encarga de ejecutar.

Los beneficios de delegar bien

Cuando delegas, no solo liberas tiempo, también ganas mucho más. Aquí hay algunos de los beneficios más importantes:

1. **Más tiempo para lo importante**: En lugar de perderte en tareas operativas, puedes concentrarte en las decisiones estratégicas que realmente hacen avanzar tu negocio.
2. **Un equipo más fuerte**: Al delegar, estás empoderando a tu equipo. Les das la oportunidad de aprender, crecer y aportar valor.
3. **Reducción del estrés**: Soltar la carga no solo alivia tu calendario, también mejora tu bienestar. ¡Un líder menos estresado es un líder más efectivo!

4. **Innovación**: Al confiar en otros, traes nuevas perspectivas e ideas frescas a la mesa.

¿Cómo delegar sin miedo a que todo se descontrole?

Sé lo que estás pensando: "Pero nadie hace las cosas como yo. ¿Cómo puedo asegurarme de que todo salga bien?" delegar no es dejar de supervisar, es aprender a supervisar estratégicamente. Aquí tienes un plan sencillo para delegar de manera efectiva:

1. Elige las tareas correctas

No todo se puede delegar, pero mucho más de lo que crees sí. Haz una lista de todas tus actividades diarias y marca aquellas que no necesitan de tu experiencia única, éstas son las primeras candidatas para delegar.

2. Elige a las personas adecuadas

Cada miembro de tu equipo tiene fortalezas únicas. Aprende a conocerlas y asigna tareas que se alineen con sus habilidades. Si tienes a alguien que es un genio con los números, ¿por qué estás tú haciendo los reportes financieros? Regla básica: si alguien puede encargarse de una tarea y hacerla al 70% de como tú la haces, ya es candidato(a) para tomarla, con tu apoyo lo hará incluso mejor que tú.

3. Define expectativas claras

Delegar no significa lanzar tareas al aire. Explica exactamente qué esperas, cuáles son los plazos y cuáles son los resultados deseados. Mientras más específico seas, menos margen hay para errores. Una herramienta muy sencilla y efectiva (aunque parezca muy tonta), es pedirle al empleado que el(ella) te explique con sus palabras el objetivo después de que tú se lo explicaste.

4. Proporciona las herramientas necesarias

Tu equipo necesita los recursos adecuados para hacer su trabajo. Esto incluye herramientas, tiempo y la confianza de que pueden tomar decisiones sin temor a represalias.

5. Da seguimiento, no micro gestión.

Delegar no es desaparecer. Establece momentos específicos para revisar el progreso, recuerda que orden dada y no supervisada vale para pura #%$&, recuerda también que el hecho de que lo hagan bien una vez no significa que lo harán siempre, pero evita estar sobre los hombros de tu equipo todo el tiempo. Recuerda, eres un guía, no un vigilante.

¿Qué pasa si delegar no funciona al principio?

¡Es normal! Delegar es una habilidad que requiere práctica, tanto para ti como para tu equipo. Puede que al principio cometas errores, o que las cosas no salgan exactamente como esperabas. No te desanimes. Usa cada experiencia como una oportunidad para ajustar, aprender y mejorar.

Te comparto una lección personal: cuando empecé a delegar, me costaba soltar el control. Siempre encontraba "errores" en lo que hacía mi equipo y terminaba corrigiéndolo todo. ¿El resultado? Más trabajo para mí y un equipo desmotivado. Fue hasta que aprendí a confiar y a aceptar que los errores son parte del proceso, que las cosas empezaron a fluir. Hoy, mi equipo es mi mayor fortaleza, y no podría imaginar mi negocio sin ellos.

Los mitos de delegar que debes romper

Existen muchas ideas erróneas sobre delegar que podrían estar frenándote. Aquí desmentimos algunas de las más comunes:

1. **"Nadie lo hace como yo"**: Puede que sea cierto al principio, pero si capacitas bien a tu equipo, pueden sorprenderte.
2. **"Delegar es perder el control"**: En realidad, es todo lo contrario. Cuando delegas bien, tienes más control porque estás menos saturado.
3. **"Es más rápido si lo hago yo"**: Tal vez la primera vez, pero a largo plazo, enseñar a alguien más es una inversión que te ahorrará tiempo.

Un amigo empresario, abrumado por la operación, tomó la valiosa decisión de contratar a un gerente de ventas que le alivianara en esa parte de su organización. Consiguió a un excelente elemento con mucha experiencia y varios éxitos. ¡Manos a la obra! Un año después mi amigo estaba en serias dificultades económicas, las ventas habían disminuido al 50%, se descuidaron las ventas pequeñas que representaban el 50% perdido y solo se enfocaron en las ventas grandes que, a su vez, tenían un proceso que tomaba mucho más tiempo para el cierre. ¡Casi quiebra!

No es suficiente encontrar a el elemento perfecto para descargar tus ocupaciones, hay que respetar el proceso completo, se capacita, se deja claro el objetivo, se mide y se corrige frecuentemente, se reconocen los logros, pero lo más importante: SE ACOMPAÑA DE CERCA sobre todo en el periodo inicial, más aún en el periodo inicial de 3 meses.

Cuando yo no tenía claridad en el arte de la delegación también me toco enfrentar fracasos al trabajar con nuevos ejecutivos, o personal al que invité a realizar tareas más importantes. Lo que vemos en esta sección espero que te evite algunos dolores de cabeza. El ultimo director comercial que me tocó contratar para mi empresa más grande venía de trabajar en empresas trasnacionales mucho más grandes que la mía.

Por un lado, me sentí muy orgullosos de mi empresa al ser atractiva para ejecutivos de ese nivel, pero, por otro lado, muy preocupado porque, al ser tan diferente la estructura de mi compañía había un riesgo de que no nos acomodáramos bien. Lo platicamos ampliamente y acordamos tener un acompañamiento cercano reconociendo que el reto de trabajar juntos con eficiencia tenía alto grado de dificultad, el resultado fue asombroso, no solo crecimos en ventas, sino que cada vendedor creció en orden y eficacia.

No es difícil, solo respeta el proceso.

Conclusión: El poder de soltar para crecer

Delegar no solo es una habilidad; es un acto de confianza y un signo de liderazgo maduro. Soltar el control no te hace débil, te hace estratégico. Al delegar, no solo estás liberando tu tiempo, estás empoderando a tu equipo, fomentando la innovación y asegurando el crecimiento sostenible de tu negocio.

Así que, emprendedor, ¿estás listo para soltar las riendas? Empieza con algo pequeño, da el primer paso y observa cómo tu negocio comienza a transformarse. ¡El mundo necesita líderes que sepan multiplicarse, y tú puedes ser uno de ellos!

8.3 Trabajo en equipo.

¿Te has dado cuenta de que los grandes logros nunca son individuales? Detrás de cada éxito, siempre hay un equipo. Ya sea un equipo pequeño en una startup o un ejército de colaboradores en una multinacional, el trabajo en equipo es el motor que impulsa cualquier organización hacia sus metas. Y, como emprendedor, tú eres el encargado de crear y liderar ese motor. ¿Estás listo para hacerlo funcionar al máximo?

El poder del "nosotros"

Empecemos con una verdad fundamental: tú no puedes hacerlo todo. Y aunque tal vez podrías intentarlo, ¿qué tan lejos llegarías? El trabajo en equipo no solo aligera la carga, sino que también amplifica los resultados. Imagina que cada miembro de tu equipo es una pieza del rompecabezas; juntos forman una imagen completa que, por sí solo, sería imposible de lograr.

Trabajar en equipo no es solo repartir tareas; es crear una sinergia donde cada miembro aporte lo mejor de sí mismo. Un equipo fuerte es aquel que comparte objetivos claros, valores comunes y, sobre todo, confianza. ¿Cómo se logra esto? ¡Con liderazgo, comunicación y, sí, mucho trabajo duro!

Construyendo la base: ¿qué hace a un equipo exitoso?

Para formar un equipo de alto rendimiento, necesitas más que talento. Aquí tienes los pilares esenciales:

1. Objetivos claros y compartidos

Cada miembro de tu equipo debe saber exactamente hacia dónde van y qué se espera de ellos. No se trata solo de dar órdenes, sino de inspirarlos a ver el impacto de su trabajo en el resultado final. ¡Hazlos sentir parte de algo grande!

2. Roles definidos

Un equipo sin roles definidos es un caos. Cada miembro necesita saber cuál es su función y cómo encaja en el engranaje general. Esto no solo evita conflictos, sino que también fomenta la responsabilidad individual.

3. Confianza mutua

La confianza es el pegamento que mantiene unido a un equipo. Sin ella, todo se desmorona. Esto significa confiar en que cada miembro hará su parte y que puedes contar con ellos en los momentos críticos.

4. Diversidad de habilidades

Un equipo homogéneo es aburrido y limitado. Busca personas con habilidades, perspectivas y experiencias diferentes. La diversidad no solo enriquece las soluciones, sino que también fomenta la creatividad.

Los desafíos del trabajo en equipo (y cómo superarlos)

No todo es perfecto. Trabajar en equipo tiene sus retos: conflictos, falta de compromiso, diferencias de personalidad... Pero estos obstáculos no son el fin del mundo; son oportunidades para crecer.

Conflictos internos

Son inevitables, pero no tienen por qué ser destructivos. De hecho, un conflicto bien gestionado puede fortalecer al equipo. La clave es abordarlos de inmediato, con empatía y enfoque en las soluciones.

Falta de compromiso

Si alguien no está comprometido, todo el equipo lo siente. Aquí es donde tu liderazgo entra en juego. ¿Cómo puedes motivar a esa persona? A veces, basta con recordarles el "por qué" de su trabajo.

Problemas de comunicación

La mayoría de los problemas en un equipo se reducen a una mala comunicación. Asegúrate de que todos tengan claros los canales, tiempos y métodos para comunicarse. Y, por supuesto, fomenta una cultura donde todos puedan expresarse sin miedo.

Cómo construir una cultura de trabajo en equipo

Aquí hay algunas formas prácticas de construir esa cultura de equipo:

Reuniones regulares

Sí, las reuniones pueden ser una pérdida de tiempo si no se manejan bien. Pero cuando se hacen con propósito, son una herramienta poderosa. Úsalas para alinear objetivos, resolver problemas y mantener la conexión entre los miembros.

Reconocimiento constante

¿Sabías que la gente trabaja mejor cuando se siente valorada? Reconoce los logros, tanto grandes como pequeños. Un simple "gracias" puede hacer maravillas. Es común que los emprendedores estemos tan enfocados en el futuro que, llegando a un punto de avance, pasemos directamente a hablar del siguiente objetivo, antes tómate un minuto para felicitar a tu equipo.

Capacitación continua

Un equipo que no aprende solo no crece. Invierte en la capacitación de tus colaboradores. Esto no solo mejora sus habilidades, sino que también demuestra que crees en ellos.

Espacios para conectar

El trabajo en equipo no se trata solo de trabajar; también se trata de conectar a nivel humano. Organiza actividades que fomenten la camaradería y el sentido de pertenencia.

El trabajo en equipo en acción: Las dos principales desviaciones:

Cuando comencé mi primera empresa, pensé que podía hacerlo todo. Contraté personas, pero no confiaba plenamente en ellas. Quería supervisar cada detalle, tomar cada decisión y controlar cada resultado. ¿El resultado? Un equipo limitado, frustrado, con las manos atadas y un líder agotado.

Con el tiempo aprendí a hacerlo mejor, pero llegó el momento en que fui al otro extremo, contando con el equipo que consideré apto, me di tiempo para explicarles muy bien el objetivo, el camino y sus responsabilidades y no los volví a ver hasta la revisión de resultados. Está demás decirlo, quedamos muy cortos.

Fue hasta que decidí dar un paso atrás y realmente involucrar a mi equipo con claridad, confianza, pero también con seguimiento. Les di espacio para proponer ideas, despejar dudas, y recibir el apoyo adecuado. Superamos nuestros objetivos y, lo más importante, creamos un ambiente donde todos se sentían valorados.

Conclusión: Juntos, somos invencibles

El trabajo en equipo no es solo una estrategia; es una filosofía. Es entender que juntos podemos lograr cosas que, individualmente, serían imposibles. Como líder, tu papel es construir ese equipo, inspirarlo y darle las herramientas para brillar.

Así que, emprendedor, ¿estás listo para liderar un equipo de alto rendimiento? Recuerda, el éxito no se mide por lo que logras solo, sino por lo que logras con los demás. ¡El mundo necesita líderes que sepan trabajar en equipo, y tú puedes ser uno de ellos!

8.4 Resistencia al cambio: El enemigo silencioso del crecimiento.

¿Sabías que uno de los mayores obstáculos que enfrentan los emprendedores no es la falta de recursos, sino el miedo al cambio? Sí, ese miedo a lo desconocido, a salir de la zona de confort, a arriesgarse a lo nuevo. Pero, el cambio no es solo necesario, ¡es inevitable! Si quieres que tu negocio crezca, tienes que aprender a abrazar el cambio como tu aliado, no como tu enemigo.

¿Por qué resistimos el cambio?

El cambio genera incertidumbre, y eso asusta. Como emprendedores, a menudo nos encontramos cómodos en lo conocido. "Si no está roto, ¿por qué arreglarlo?", podrías pensar. Pero esa mentalidad puede ser peligrosa. Aquí van algunas razones comunes por las que resistimos el cambio:

1. **Miedo al fracaso**: El temor a equivocarnos nos paraliza. Preferimos seguir haciendo lo mismo, incluso si no nos lleva a donde queremos estar.
2. **Pérdida de control**: Cambiar implica dejar ir lo que conocemos y confiar en lo desconocido. Eso puede hacernos sentir vulnerables.
3. **Zona de confort**: Nos acostumbramos tanto a nuestras rutinas que la idea de hacer algo diferente nos parece una carga más que una oportunidad.
4. **Falta de visión**: A veces, simplemente no vemos cómo el cambio podría beneficiarnos. Nos enfocamos en los riesgos, no en las posibilidades.

El cambio como motivador de innovación

Ahora, permíteme voltearte la moneda. El cambio no es solo un desafío; es una oportunidad para crecer, innovar y diferenciarte de la competencia. Cada avance en la historia de los negocios ha surgido porque alguien estuvo dispuesto a hacer las cosas de manera diferente.

Ejemplo:

Imagina que manejas una tienda física y un día decides abrir una tienda en línea. Sí, puede ser intimidante aprender sobre comercio electrónico, manejar envíos y responder preguntas a las 2 a. m., pero también te abre la puerta a miles de nuevos clientes que jamás hubieran conocido tu negocio. ¿Valdría la pena? ¡Definitivamente que sí!

Cómo enfrentar la resistencia al cambio

Superar la resistencia al cambio no es fácil, pero es posible. Aquí tienes una hoja de ruta para empezar:

1. Reconoce tus miedos

El primer paso para superar la resistencia es entender de dónde viene. Pregúntate: *¿qué es exactamente lo que me da miedo?* Identificar tus temores te permitirá enfrentarlos con soluciones concretas.

2. Visualiza los beneficios

En lugar de enfocarte en lo que podrías perder, concéntrate en lo que podrías ganar. Piensa en las oportunidades que se abrirían si decides dar el paso.

3. Empieza pequeño

El cambio no tiene que ser drástico desde el principio. Comienza con ajustes pequeños que te acerquen a tu objetivo. Por ejemplo, si quieres digitalizar tu negocio, podrías empezar por crear un perfil en redes sociales antes de construir un sitio web completo.

4. Rodéate de apoyo

No tienes que hacerlo solo. Busca mentores, aliados o incluso a tu equipo para que te ayuden a navegar el proceso. La colaboración puede hacer que el cambio sea menos intimidante.

5. Aprende del fracaso

Sí, a veces el cambio no saldrá como esperabas. ¿Y qué? Cada error es una lección que te acerca más al éxito. Recuerda, el fracaso solo es fatal si te rindes.

El papel del líder en el cambio organizacional

Como líder, no solo tienes que enfrentar tu propia resistencia al cambio; también debes ayudar a tu equipo a hacer lo mismo. ¿Cómo lograrlo? Aquí van algunos consejos prácticos:

Comunica la visión

Explícales por qué el cambio es necesario y cómo beneficiará tanto al negocio como a ellos personalmente. Una buena comunicación puede disipar miedos y ganar aliados.

Sé el ejemplo

Si tú no estás dispuesto a cambiar, ¿cómo puedes esperar que los demás lo hagan? Lidera con el ejemplo y muestra que estás comprometido con el proceso.

Ofrece herramientas

Capacita a tu equipo para que se sientan preparados. Ya sea una nueva tecnología, un proceso diferente o un cambio en las responsabilidades, asegúrate de que tengan lo necesario para adaptarse.

Celebra los avances

Cada pequeño paso hacia el cambio debe ser reconocido. Esto mantiene la moral alta y refuerza la idea de que el esfuerzo vale la pena.

Rompiendo barreras:

Cuando inicié mi segundo negocio, todo era físico: clientes directos, pagos en efectivo, promociones con volantes. Pero con el tiempo, me di cuenta de que estaba perdiendo clientes por no tener una presencia en línea. Al principio, resistí la idea. *"Eso no es para mí,"* pensaba. Pero un amigo me retó: *"¿y si pierdes la oportunidad de expandirte solo porque te da miedo?"*

Ese desafío me hizo reflexionar. Decidí dar el salto y abrir una tienda en línea. Fue un caos al principio, lo admito. Pero con tiempo, aprendí a manejarlo, y el negocio creció más de lo que jamás imaginé. Todo porque dejé de resistirme al cambio y lo abracé como una oportunidad.

Reflexión final: El cambio no es fácil, pero es necesario. Si quieres que tu negocio prospere, tienes que estar dispuesto a adaptarte, a innovar, a salir de tu zona de confort. Sí, habrá incertidumbre y desafíos, pero también habrá crecimiento, oportunidades y éxito.

Entonces, emprendedor, te dejo con esta pregunta: ¿qué cambio has estado resistiendo? Sea lo que sea, hoy es el día para enfrentarlo. Recuerda, el mundo está en constante evolución, y tú también puedes evolucionar. ¡El cambio es progreso, y tu éxito te está esperando del otro lado! ¡Atrévete!

8.5 Comunicación: Una base de cualquier empresa exitosa.

No importa si eres un emprendedor que apenas comienza o el líder de una organización consolidada: **la manera en la que te comunicas con tu equipo, tus clientes y tus socios define tu éxito.** Ahora, la pregunta es: ¿estás aprovechando el poder de la comunicación al máximo?

¿Por qué la comunicación es esencial?

Hablemos claro: Una empresa sin comunicación efectiva carece de rumbo. No llegará a ningún lado. La comunicación es el puente entre las ideas y la acción, entre los problemas y las soluciones. Y lo más importante, es lo que conecta a las personas con un propósito común.

Impacto en el equipo

Una comunicación clara y abierta con tu equipo no solo evita malentendidos, también construye confianza. Cuando los colaboradores entienden hacia dónde se dirige la empresa y cómo contribuyen a ese objetivo, trabajan con más entusiasmo y compromiso.

Impacto en los clientes

Por otro lado, la comunicación con los clientes no es solo vender un producto; es construir una relación. Un cliente bien informado y escuchado es un cliente que regresa y recomienda.

Los pilares de una comunicación efectiva

Para convertirte en un maestro de la comunicación, necesitas dominar tres pilares esenciales:

1. Escuchar activamente

Aquí no se trata solo de oír; se trata de *escuchar de verdad*. Eso significa prestar atención, entender y responder de manera empática. Cuando escuchas activamente a tu equipo o a tus clientes, estás mostrando que valoras sus ideas y preocupaciones. Y créeme, eso marca una diferencia enorme.

- **Con el equipo:** Escucha sus retos, propuestas y hasta sus quejas. Muchas veces, las mejores soluciones vienen de quienes están en la primera línea.
- **Con los clientes:** Pregunta qué necesitan y qué problemas enfrentan. No supongas. ¡Ellos te lo dirán!

2. Ser claro y directo

Evita los rodeos y las ambigüedades. Si tienes un mensaje que dar, asegúrate de que sea breve y directo. Las palabras claras inspiran confianza, mientras que las confusas generan dudas.

- **Con el equipo:** Si necesitas resultados específicos, sé claro con tus expectativas. Por ejemplo: en lugar de decir, *"Necesito que aumentes las ventas,"* di, *"Nuestro objetivo este mes es aumentar un 20% las ventas en este segmento."*
- **Con los clientes:** Si vendes un producto o servicio, asegúrate de que el cliente entienda exactamente qué está comprando y cómo solucionará su problema.

3. Adaptarte a tu audiencia

No todas las personas entienden la información de la misma manera. Algunos prefieren datos concretos, mientras que otros necesitan historias que los conecten emocionalmente.

Aprende a ajustar tu estilo de comunicación según a quién te estés dirigiendo.

- **Con el equipo:** Algunos miembros necesitan instrucciones precisas, mientras que otros se inspiran más con la visión general del proyecto.
- **Con los clientes:** Una presentación atractiva y visual puede ser ideal para algunos, mientras que otros preferirán leer un documento detallado.

Herramientas prácticas para mejorar tu comunicación

¡No te preocupes! No necesitas ser un experto desde el principio. Aquí tienes algunas herramientas prácticas que pueden ayudarte a mejorar tu comunicación desde ya:

Reuniones efectivas

¿Sabías que muchas reuniones son una pérdida de tiempo porque no tienen un propósito claro? Cambia eso definiendo objetivos específicos para cada reunión. Y sí, **mantenlas cortas y al grano**.

Tecnología al servicio de la comunicación

Aprovecha herramientas tecnológicas sencillas para mantener a tu equipo conectado. Pero recuerda: la tecnología no sustituye las conversaciones cara a cara cuando se trata de temas importantes.

Retroalimentación constante

Establece un sistema en el que tanto tú como tu equipo puedan dar y recibir retroalimentación regularmente. No debe ser un ataque, sino una oportunidad para mejorar.

¿Qué pasa cuando la comunicación falla?

Los errores de comunicación son costosos, no solo en dinero, sino en moral, tiempo y confianza. Imagina este escenario: un líder no comunica claramente las metas del mes. El equipo, confundido, trabaja en direcciones opuestas, desperdiciando recursos y esfuerzos. Al final, nadie está contento, y el proyecto fracasa. **Todo esto podría haberse evitado con una comunicación más efectiva.**

Aplicando el test DISC para mejorar la comunicación (mas adelante ampliaremos el tema)

Reflexión: La comunicación no es solo una habilidad, es tu ventaja competitiva. En un mundo donde muchos hablan, pero pocos escuchan, ser un líder que sabe conectar, inspirar y motivar a través de sus palabras te pondrá un paso adelante.

Así que, emprendedor, te dejo con este desafío: **evalúa cómo estás comunicando hoy y encuentra al menos una forma de mejorar.** Tal vez sea escuchar más, hablar con mayor claridad o adaptar tu mensaje según la audiencia. Lo importante es que empieces ahora.

Recuerda, cada conversación cuenta. Cada mensaje, cada palabra puede ser la diferencia entre el éxito y el fracaso. ¡Usa el poder de la comunicación para construir relaciones sólidas, resolver problemas y liderar con confianza! ¡El mundo cuenta contigo, y tus palabras tienen el poder de marcar la diferencia!

8.6 Relaciones con empleados: La parte humana de tu éxito.

Imagina esto: Tienes un equipo lleno de talento, energía y creatividad, pero las relaciones están tensas, hay desconfianza y cada interacción parece una batalla campal. ¿Crees que esa empresa puede prosperar? ¡Por supuesto que no! Las relaciones con tus empleados son la energía que impulsa o detiene tu negocio. Y aquí estamos para asegurarnos de que funcione al 100%.

El poder de las relaciones sólidas

Una relación sólida con tus empleados no se trata solo de ser un jefe simpático. ¡Nada de eso! Se trata de ser un líder que inspira, que genera confianza y que crea un entorno donde cada miembro del equipo puede dar lo mejor de sí mismo. ¿Sabías que los empleados que se sienten valorados son un 50% más productivos? Es un impacto directo en tus resultados.

Los beneficios de una buena relación

- **Menor rotación:** Cuando tus empleados sienten que los escuchas y los valoras, tienen menos razones para buscar otro lugar donde trabajar.
- **Mayor compromiso:** Un empleado comprometido trabaja con pasión, como si el éxito de la empresa fuera suyo.
- **Ambiente positivo:** Las relaciones saludables fomentan la colaboración y reducen los conflictos.

¿Cómo construir relaciones auténticas con tus empleados?

La clave está en combinar empatía con acción. Aquí tienes un mapa para comenzar a construir relaciones que realmente marquen la diferencia.

1. Escucha activa

Cuando tus empleados sienten que su voz importa, estás sembrando confianza. Pero, ojo, escuchar no es solo oír. Es prestar atención con intención y responder de manera significativa. Pregunta: *"¿qué opinas sobre esto?"* y, más importante, **actúa en base a lo que escuchas**.

2. Reconocimiento constante

A todos nos gusta que reconozcan nuestro esfuerzo, ¿o no? Un simple *"gracias por tu esfuerzo"* o un reconocimiento público puede transformar el día (y la actitud) de alguien. Hazlo genuino, no solo porque toca.

- **Reconocimiento público:** Usa reuniones de equipo para destacar logros individuales.
- **Pequeños gestos:** Una nota escrita a mano o una café sorpresa pueden significar mucho.

3. Sé accesible

No te pongas en un pedestal. Baja al campo, habla con tu equipo y crea espacios donde puedan acercarse a ti. La cercanía genera confianza, y la confianza genera lealtad.

Superando conflictos: ¿cómo manejar las diferencias?

Los conflictos son inevitables. Donde hay personas, hay diferentes perspectivas. Lo importante no es evitarlos, sino manejarlos con madurez.

Identifica el problema real

Muchas veces, lo que parece un conflicto de tareas es, en realidad, una falta de comunicación o un choque de personalidades. Antes de tomar decisiones, **pregunta y escucha ambas versiones**.

Crea soluciones juntos

Invita a los involucrados a encontrar una solución. Esto no solo resuelve el problema, sino que también refuerza la idea de que cada miembro es importante para el equipo.

¿Cómo transformar el clima laboral?

El clima laboral es como la atmósfera en la que respira tu equipo. Si es tóxica, sofoca la productividad. Si es positiva, impulsa el crecimiento. Aquí tienes algunos pasos para mejorarla:

Promueve la transparencia

Que todos sepan qué está pasando. La incertidumbre genera rumores y baja moral. Comparte los objetivos, avances y retos de la empresa.

Fomenta la inclusión

Asegúrate de que cada miembro del equipo se sienta valorado, sin importar su rol. Todos aportan, desde el que atiende al cliente hasta el que diseña estrategias.

Celebra los logros como equipo

¿Lograron un objetivo? ¡Celebra juntos! Una pequeña reunión, un almuerzo o incluso un correo agradeciendo a todos puede marcar la diferencia.

Reflexión: Invertir en tus relaciones con los empleados no es solo algo *bueno de hacer*, es una estrategia que garantiza resultados a largo plazo. Un equipo que confía en su líder y se siente valorado trabaja con más pasión y compromiso.

Entonces, emprendedor, te dejo con un desafío: **evalúa tus relaciones actuales con tus empleados.** ¿Qué estás haciendo bien? ¿Qué puedes mejorar? No esperes a que los problemas exploten para actuar. Empieza hoy.

Recuerda, el éxito de tu empresa no depende solo de tus ideas o estrategias, sino de cómo conectas con las personas que hacen que todo sea posible. ¡El mundo cuenta contigo, y tu equipo también! ¡Haz que trabajar contigo sea una experiencia inolvidable!

8.7 Sugerencia: Usar el Test DISC como Herramienta de Liderazgo.

¿Te ha pasado que sientes que hablas en un idioma y tu equipo responde en otro completamente diferente? ¡No eres el único! Todos somos distintos, y esas diferencias son lo que hace único a tu equipo. Pero, ojo, también son el principal reto al liderar. Aquí es donde entra en juego el Test DISC, una herramienta poderosa que te ayuda a descifrar el comportamiento de las personas y a construir puentes en lugar de muros.

¿Qué es el Test DISC y por qué deberías usarlo?

El Test DISC clasifica a las personas en cuatro estilos de comportamiento: **Dominante (D)**, **Influyente (I)**, **Estable (S)** y **Concienzudo (C)**. No es para etiquetar a tu equipo, sino para entenderlos mejor y sacar lo mejor de ellos. ¿Por qué es importante? Porque un equipo diverso es un equipo fuerte, pero solo si sabes cómo liderarlo.

- **Dominante (D, rojo):** Les encanta liderar y tomar decisiones rápidas. Necesitan retos constantes, espiritual, emocional.
- **Influyente (I, amarillo):** Son comunicadores naturales, optimistas y motivadores. Responden al entusiasmo y la creatividad.
- **Estable (S, verde):** Prefieren la calma, la estabilidad y la colaboración. Valoran la seguridad y las relaciones duraderas, ordenado, administrado.
- **Concienzudo (C, azul):** Analíticos y orientados a los detalles. Necesitan claridad, datos y estructura.

¿Cómo aplicar el DISC en tu empresa?

1. Conócete a ti mismo

Primero lo primero: ¡haz el test tú mismo! Descubrir tu estilo de liderazgo te permitirá reconocer tus fortalezas y áreas de mejora. ¿Eres un líder dominante que a veces no escucha? ¿O un influyente que necesita trabajar en la organización? Saberlo cambia todo.

2. Conoce a tu equipo

Haz que tu equipo complete el test y comparte los resultados en una reunión. Es una excelente forma de romper el hielo y abrir conversaciones honestas sobre cómo trabajan mejor.

3. Personaliza tu liderazgo

No lideres a todos de la misma manera. Un D necesita objetivos claros y desafíos constantes, mientras que un S apreciará un entorno colaborativo y seguro. Adaptarte a cada estilo es lo que convierte a un líder común en uno extraordinario.

Beneficios del Test DISC en tu empresa

1. **Mejor comunicación:** Entender cómo prefiere comunicarse cada miembro evita malentendidos y fricciones.
2. **Mayor productividad:** Los empleados trabajan mejor cuando sienten que sus necesidades y fortalezas son valoradas.
3. **Resolución de conflictos:** Saber cómo reaccionan las personas en situaciones de estrés ayuda a manejar los conflictos de manera efectiva.
4. **Retención de talento:** Un equipo que se siente comprendido y respaldado tiene más razones para quedarse.
5. Existen en la red opciones muy buenas que puedes usar con muy buenos resultados y con una inversión muy baja, solo lleva 15 o 20 minutos.

DESPIERTA, es tu turno de cambiar al mundo.   www.llamadoalexito.com

Reflexión final

El liderazgo no es un "talla única para todos". Es como un traje a la medida, y el Test DISC es tu cinta métrica. Úsalo para construir un equipo más fuerte, más unido y, sobre todo, más feliz. Emprendedor, no se trata de cambiar a las personas, sino de entenderlas y liderarlas hacia el éxito. **¿Qué esperas para aplicar esta herramienta? ¡Haz el test, involucra a tu equipo y cuéntame cómo te fue!** ¡El mundo cuenta contigo y, ahora más que nunca, tu equipo también!

Enseguida te recomendaré una de tantas opciones buenas para realizar el test y que por menos de $7.00 dólares te da resultados muy útiles: https://miperfildisc.com

Conclusión:

Llegamos al final de este capítulo, pero no al final de tu camino como líder. Todo lo que hablamos aquí —liderazgo, delegación, trabajo en equipo, comunicación y hasta el uso de herramientas como el Test DISC— no son solo conceptos. Son herramientas que, cuando las aplicas, tienen el poder de transformar no solo tu empresa, sino también a las personas que forman parte de ella. **Y aquí está la clave: un líder no solo construye negocios; construye personas.**

Sé valiente. Ser líder no significa tener todas las respuestas, sino saber encontrar soluciones con tu equipo, adaptarte al cambio y comunicar con claridad y empatía. ¿Habrá momentos difíciles? Claro que sí. Pero es en esos momentos donde tu liderazgo brillará más fuerte.

Hoy te invito a hacer un compromiso contigo mismo y con tu equipo: **construir una cultura de confianza, colaboración y crecimiento.** No lo dejes para mañana; empieza hoy. Habla con tu equipo, escúchalos, lidera con el corazón y la mente.

El mundo necesita líderes auténticos como tú. Así que, ¿qué esperas? ¡Sal ahí, conecta con tu equipo y haz que las cosas pasen! ¡El mundo cuenta contigo!

En el próximo capítulo, veremos qué otras cosas debemos cuidar cuando la empresa ha crecido.

CAPITULO 9: PARA LAS EMPRESAS NO TAN PEQUEÑAS.

En este capítulo retomaremos algunos temas que ya hemos visto en capítulos anteriores, pero con un enfoque más de empresa mediana que pequeña, también adicionaré algunos temas nuevos como la transición y sucesión.

Introducción:

¿Te has preguntado alguna vez qué pasa cuando una empresa crece sin rumbo, sin un plan claro? La verdad, no importa qué tan prometedor sea tu negocio, un crecimiento desordenado puede destruirlo desde adentro. Sí, crecer no siempre es sinónimo de éxito, y mucho menos si lo haces sin una base sólida que sostenga ese impulso.

No son los mismos retos que al principio, el mundo empresarial está lleno de ejemplos de negocios que, por apresurarse a expandirse, terminaron perdiendo lo que los hacía únicos, tal vez fue su esencia, su capacidad de respuesta o, peor aún, su control financiero. Aquí está la lección: crecer no se trata solo de añadir clientes o aumentar ventas; crecer significa hacerlo con propósito, con estrategia, con un orden que garantice que tu éxito sea sostenible. en mi caso, aprendí a la mala perdiendo uno de mis negocios completamente, ¡Uff! Se aprende en el camino. Y aunque se dice que no se aprende en cabeza ajena, hare lo mejor que pueda para evitar que cometas los errores que yo cometí.

En este capítulo vamos a explorar cómo construir ese crecimiento sólido que toda empresa necesita. Hablaremos de riesgos, de mantener las finanzas en línea, de medir resultados y, lo más importante, de cómo alinear tu cultura organizacional con ese crecimiento. Si estás listo para llevar tu negocio al siguiente nivel, pero con los pies bien plantados en el suelo, ¡este es tu momento! Porque recuerda: no se trata solo de crecer, se trata de crecer bien.

9.1 Los riesgos de una empresa al crecer sin orden.

Imagina esto: Tienes un negocio que está comenzando a despegar. Las ventas aumentan, los clientes llegan y, de repente, todo parece un sueño hecho realidad. Pero, ¡Espera un momento! En tu afán por crecer, ¿te has detenido a pensar si estás construyendo sobre bases sólidas? **Crecer sin orden es como inflar un globo sin saber cuándo va a estallar. Y créeme, puede estallar.**

El crecimiento desordenado es un enemigo silencioso. Al principio, no parece gran cosa: un cliente extra por aquí, una oportunidad de negocio por allá. Sin embargo, con cada paso descontrolado, las grietas empiezan a aparecer. ¿Te suena conocido? Procesos que no se cumplen, equipos saturados, problemas de comunicación, y lo peor, un flujo de efectivo que empieza a tambalearse. Porque crecer sin cimientos sólidos, es como construir un castillo de naipes, tarde o temprano se cae.

Crecimiento rápido, problemas imprevistos

Lo más importante a considerar en este punto es que al crecer, ya no podrás estar presente para vigilar todas las operaciones cruciales de tu empresa, Ahora no hay alternativa, deberás de implementar muy bien TODAS las herramientas de las que hemos hablado.

El primer riesgo de un crecimiento desordenado es perder el control de tus operaciones. Quizá al principio, manejar las finanzas en un Excel y coordinar pedidos por WhatsApp te funcionaba. Pero cuando los números crecen, esas soluciones improvisadas se vuelven un caos. No es que no sirvan, es que no son suficientes para sostener el peso del crecimiento.

Por ejemplo, muchas empresas enfrentan problemas cuando intentan abarcar más de lo que pueden manejar. Quieren nuevos mercados, más productos, más clientes. ¿El resultado? Equipos de trabajo sobrecargados, errores que se multiplican y una experiencia del cliente que empieza a resentirse. El cliente no quiere saber que estás saturado; solo quiere que cumplas.

El costo oculto

El desorden es una de las principales razones por las que las empresas pierden dinero. Sí, lo leíste bien. El desorden genera ineficiencias: tiempos muertos, recursos mal utilizados, inventarios mal gestionados y decisiones tomadas a ciegas. Imagina no saber cuánto estás gastando en costos operativos porque no tienes un sistema claro para medirlo. Así es como muchas empresas, aunque vendan mucho, terminan sin ganancias. El crecimiento sin control puede ser tan peligroso como no crecer en absoluto.

Otro riesgo importante es perder tu esencia. En el caos del crecimiento, muchas empresas dejan de lado lo que las hizo especiales. El trato personalizado, la calidad, la atención al detalle. Todo se diluye en el intento de cubrir más terreno. ¿Y sabes qué pasa cuando pierdes tu esencia? Los clientes lo notan y empiezan a buscar alternativas. Recuerda, crecer no debe significar dejar de ser tú.

Cómo reconocer que estás perdiendo el control

Los síntomas son claros. Si te encuentras apagando incendios mucho tiempo, en lugar de planificar estratégicamente, es una señal de alerta. Si tus empleados están trabajando horas extra constantemente y aun así no logran cumplir con las demandas, algo no está bien. Y si sientes que cada vez tienes menos tiempo para enfocarte en lo realmente importante, necesitas detenerte y replantear tu camino.

Historias de la vida real: Lecciones que duelen

Conocí a un emprendedor en una conferencia, su negocio estaba creciendo rápidamente, y decidió abrir tres sucursales nuevas en menos de un año. No tenía los sistemas adecuados para gestionar ese crecimiento. El inventario se descontroló, los empleados no recibieron capacitación adecuada, y los clientes comenzaron a quejarse. En menos de dos años, tuvo que cerrar dos de las tres sucursales y enfrentar la mala situación financiera que esto le ocasionó y volver a lo básico.

Lo que este emprendedor aprendió, y lo que tú puedes evitar, es que el crecimiento sin orden no es sostenible. Necesitas estructuras, procesos y, sobre todo, una visión clara de hacia dónde vas. Crecer no es solo una meta, es un viaje que requiere preparación.

Entonces, ¿cómo evitar estos riesgos? Primero, necesitas aceptar que el orden es una necesidad. Yo puedo reconocer que soy la persona más desordenada de todas, pero la experiencia me enseñó que el orden es indispensable, así es; "Soy un desordenado con fe en el orden". Antes de pensar en crecer, asegúrate de que tus bases sean sólidas. Pregúntate: ¿tengo procesos claros? ¿Mi equipo está preparado para asumir más carga? ¿Mis finanzas están en orden?

Segundo, evalúa el impacto en tu flujo de efectivo, muchas veces, las empresas que más crecen son las que menos dinero tienen, el crecimiento genera salidas de recursos: más personal, más inventario, más gastos, más cartera por cobrar, etc.

Tercero, invierte en herramientas y sistemas que te ayuden a mantener el control. Desde software de gestión hasta métricas claras para evaluar tu desempeño. Recuerda, no puedes gestionar lo que no mides.

Por último, enfócate en la calidad, no solo en la cantidad. No se trata de tener más clientes, sino de tener los clientes correctos. No se trata de vender más, sino de vender mejor. El crecimiento con propósito es el único crecimiento que vale la pena. A muchos nos motiva ver a nuestro bebé crecer, pero ¡Créeme! No es bueno solo crecer por crecer.

Reflexión: El crecimiento desordenado es un enemigo que se puede vencer con preparación, estrategia y un poco de paciencia. No te dejes seducir por la idea de crecer rápido si eso significa perder el control. Haz las cosas bien desde el principio y asegúrate de construir un negocio que pueda sostener su propio éxito. **No es tan complicado como se oye,** solo asegúrate de ser consciente del concepto de crecer con orden y sabrás que hacer.

Recuerda, emprendedor: crecer con orden es vital. Este capítulo es tu oportunidad para reflexionar, ajustar y tomar el control antes de dar el siguiente paso. Porque, al final del día, el éxito no es solo llegar a la meta, es llegar bien. ¿Estás listo para hacerlo? ¡Vamos, el mundo cuenta contigo!

9.2 Orden y Control.

Aunque ya hemos visto el tema del control en el capítulo 6, quisiera ampliar en lo referente a una empresa más grande.

¡Creciste! Se acabo el tiempo en donde bastaba un vistazo para ver que todo estuviera bien o resolvías problemas en un minuto directamente, ahora necesitas una buena estructura, liderar y usar todas las herramientas de control necesarias para cuidar tus bienes y asegurar el buen desempeño de tu empresa.

En ocasiones los emprendedores vivimos en el futuro, gran parte de nuestro pensamiento se dirige a prever donde estará nuestra empresa el día de mañana y eso está bien es lo que te define como un emprendedor, no te detengo, solo trato de darte herramientas para que todo sea mejor. Nunca olvides que, tu proyecto sea del tamaño que sea **"Ya es una fuente de riqueza,"** valóralo, respétalo y no lo arriesgues con una mala gestión del crecimiento.

El control, por su parte, es la herramienta que te permite dirigir tu negocio hacia donde realmente quieres ir, asegura que cada decisión, cada paso y cada esfuerzo estén alineados con tu visión. Sin control, el riesgo de perder el rumbo es enorme.

¿Por qué es importante establecer orden y control?

Primero, porque el orden elimina el caos. Ese caos que te hace sentir que trabajas más horas de las que tiene el día y que, aun así, las cosas no avanzan. ¿Te ha pasado? Tener procesos definidos, herramientas adecuadas y una estructura clara reduce la cantidad de decisiones que tienes que tomar en el día a día. Y lo mejor: Hace que tu equipo sea más eficiente y que tus clientes reciban un mejor servicio.

El control, por otro lado, es lo que te permite medir y ajustar. No puedes mejorar lo que no mides. Si no sabes cuánto gastas, no podrás optimizar tus costos. Si no tienes claro cómo se están desempeñando tus empleados, no sabrás dónde necesitas reforzar. El control no es sinónimo de micro gestión; es la clave para detectar oportunidades y corregir errores antes de que se conviertan en problemas graves.

A continuación, te proporcionaré una lista de los grupos de gastos muy completa para que la tomes de base. No es limitativa, puedes agregar lo que ocupes para tu empresa o eliminar lo que no se aplica, puede servir tanto para empresas industriales, comerciales o de servicios. La idea es que no se quede nada fuera, desde el gasto más pequeño hasta el más grande se considere y se controle.

GASTOS DE PLANTA (FABRICA)
SUELDOS
IMPUESTOS Y DERECHOS SOBRE NOMINAS
TIEMPO EXTRA
AGUA Y DRENAJE
GAS U OTROS COMBUSTIBLES
ENERGIA ELECTRICA
CUOTA SINDICAL
MANTENIMIENTOS Y ARTICULOS DE LIMPIEZA
RECOLECCION DE BASURA Y FUMIGACION Y SEGURIDAD
GASOLINA Y GAS PARA EQUIPOS DE REPARTO
TARIMAS (PALLETS)
MATERIALES INDIRECTOS DE PRODUCCION
RENTA
DEPRECIACIONES

GASTOS DE ADMINISTRACION
SUELDOS
IMPUESTOS Y DERECHOS SOBRE NOMINAS
GASTOS DE CONTRATACION
ATENCION AL PERSONAL
INDEMINIZACIONES
CAPACITACION AL PERSONAL
TELEFONIA LOCAL E INTERNET
CELULARES
PAPELERIA
GASTOS FINANCIEROS
DESCUENTOS FACTORAJE Y PRONTO PAGO
COMISIONES BANCARIAS
MANTENIMIENTO
SEGUROS
PLACAS Y TENENCIAS
INFRACCIONES
GASOLINA
RENTA DEL LOCAL
RENTA DE SISTEMAS (SOFTWARE)
ASESORIAS
NUEVOS PROYECTOS
GASTOS EN FESTIVIDADES PARA EL PERSONAL
VARIOS
DEPRECIACIONES
AMORTIZACIONES

GASTOS DE VENTA
SUELDO
IMPUESTOS Y DERECHOS SOBRE NOMINAS
TIEMPO EXTRA
GASTOS DE VIAJE
TRANSPORTE PROMOTORES
ATENCION A CLIENTES
APOYOS ESPECIALES
FLETES SOBRE VENTAS Y GASTOS DE EXPORTACION
UNIFORMES
PROMOCIONALES U OBSEQUIOS
CUOTAS Y SUSCRIPCIONES
RENTA
MANTENIMIENTO
JUNTA ANUAL DE VENTAS
PAQUETERIA
PAPELERIA
DEPRECIACIONES

MERCADOTECNIA
SUELDOS
IMPUESTOS Y DERECHOS SOBRE NOMINAS
GASTOS EN SHOWS O EXPOSICIONES
TALLERES Y SEMINARIOS IMPARTIDOS
REDES SOCIALES
OFERTAS DEL MES
TECNICOS DE LA MARCA
DEMOSTRADORAS
IMPUESTOS Y DERECHOS SOBRE NOMINAS DEMOSTRADORAS
EXHIBIDORES
UNIFORMES
PROMOCIONALES
MATERIAL IMPRESO PUNTO DE VENTAS
DEPRECIACIONES

GASTOS DE DESARROLLO
SUELDOS
IMPUESTOS Y DERECHOS SOBRE NOMINAS
DISEÑOS E IMÁGENES
GASTOS VARIOS DE DESARROLLO

Es importante que cada mes (que es un periodo adecuado para medir nuestros resultados), cargue con sus respectivos ingresos y egresos. Por ejemplo, si tú haces un gasto significativo del seguro contra incendios y lo pagas en enero, fiscalmente tú lo podrás enviar a gastos totalmente en ese mes, pero, administrativamente lo debes "amortizar" en los 12 meses del año, es decir, lo divides entre los meses beneficiados por el seguro comprado y cada mes carga cos su parte, ósea que enero no subsidia el gasto de ningún mes y carga solo con los gastos que le corresponden.

De igual manera imagínate que compras un camión nuevo de reparto y la inversión es cuantiosa. Si tú lo mandas a gastos completo en ese mes probablemente el estado de resultados arrojará pérdida, pero ¿sí perdió dinero verdaderamente ese mes? No lo podrás comparar contra el mismo mes del año pasado porque probablemente, el año pasado no compraste un camión. ¿Por qué se supone que estamos creciendo y mejorando y ahora perdimos dinero? Pues porque castigamos el mes cargándole completo un camión que durara probablemente 60 meses. Lo ideal es que administrativamente depreciemos el camión los años que consideramos que durará, y cada mes cargue con una porción.

El equilibrio entre control y flexibilidad

Es importante mencionar que el control no significa rigidez. Un buen líder sabe cuándo es necesario ajustar las reglas para adaptarse a las circunstancias. El orden y el control deben ser herramientas para facilitar el trabajo, no para complicarlo. Escucha a tu equipo, sé flexible cuando sea necesario y recuerda que el objetivo siempre es avanzar. Un control exagerado suele salir más caro que los bienes que se pretende cuidar.

Por otro lado, si tu empresa está creciendo rápido, probablemente tu equipo esté demasiado ocupado manejando el crecimiento y en ocasiones cargar sobre sus hombros cambios adicionales de sistemas o control podría "reventarlos." Una buena opción sería apoyarse temporalmente en externos para facilitar la implementación y poder contar con los beneficios de las nuevas herramientas sin sobrecalentar al equipo.

Reflexión: Emprendedor, nunca es tarde para poner las cosas en su lugar, un negocio desordenado puede sobrevivir por un tiempo, pero no prosperará a largo plazo.

Hoy es el día para tomar el control adecuado al tamaño de tu empresa. Define tus procesos, implementa herramientas, mide tus resultados y ajusta lo que sea necesario. Porque cuando tienes orden, todo fluye, y cuando todo fluye, el éxito es inevitable. ¿Estás listo para dar este paso? ¡Vamos, el mundo cuenta contigo!

9.3 Finanzas.

Con una empresa mediana, ya no puedes pensar solamente en ganar lo suficiente para ti o para tu equipo, tienes que dar el paso a dejar de verla como tu bebé, como lo hemos dicho antes; tu empresa es un ente generador de riqueza y ahora es tiempo de adoptar una nueva mentalidad, "la de inversionista" y alinear tus operaciones a estándares generalmente aceptados en el mundo de los negocios.

Imagínate que le platicas de tu empresa a un empresario que recién conociste en una reunión informal, te esmeras por explicar con la emoción que te genera, tu oferta de valor y lo que has logrado últimamente. Notas que, aunque te entiende, no se emociona en lo absoluto, al contrario, te empieza a cuestionar acerca de algunos indicadores financieros y notas que se enfoca mucho en el flujo de efectivo, tu potencial para generar dinero, no solo utilidades que solo se ven en tu estado de resultados.

¡Por fin! Llego el tiempo de pensar diferente, ya no eres un emprendedor (aunque literalmente lo serás por siempre), ahora eres un empresario, y como tal, hay que pensar diferente, y trasladar todo eso a tu futuro y a tu equipo.

Pon atención en lo siguiente:

Gestionar bien las finanzas significa saber que desempeño tienes, ya no solo comparado con tu yo del pasado, sino contra estándares mundiales de rendimiento porque tarde o temprano tu mercado madurará, habrá muchos jugadores en la cancha, los márgenes bajarán, no habrá tolerancia para las ineficiencias y malas decisiones, etc.

Así es que pregúntate:

- ¿Cómo esta tu solvencia? Con cuantos activos cuentas y que % de ellos son tuyos Vs cuantos son deudas.
- ¿Como anda tu liquidez? Divide tus activos a corto plazo entre tus pasivos a corto plazo y medirás que tan bien cubrirás tus compromisos siguientes.
- ¿Cuántas veces mis ventas, superan la inversión en activos totales de mi empresa? (propios y ajenos) si es menor de 1 estas desaprovechando comercialmente los activos utilizados.
- ¿Qué tan bueno es el % de utilidad neta después de impuestos? Contra tus ventas, contra activos totales, contra capital social (activos propios). ¿Sería interesante para alguien que busque poner sus recursos en un proyecto rentable?
- Ebitda: El indicador financiero de moda, es la utilidad neta, antes de: impuestos, gastos financieros, depreciaciones y amortizaciones.
- Flujo de efectivo, más que conformarse con "Salir bien con tus compromisos" deberás empezar a medir cuál es tu capacidad de generar recursos, un flujograma te permite prever el dinero que entrará y saldrá en un periodo próximo.
-

Errores comunes en la gestión financiera

1. **Mezclar las finanzas personales con las del negocio:** Este error es tan común como peligroso. Si estás usando los ingresos de tu empresa para pagar

gastos personales o viceversa, estás caminando directo al caos. Lo recomendable es tener un sueldo suficiente y adecuado, junto con un presupuesto familiar bien manejado. De las utilidades que se generen, tendrás que resolver cuanto se repartirá (y cuando), y cuanto se reinvertirá.
2. **No tener un presupuesto:** A este nivel no es recomendable operar sin presupuestos. De ventas, de clientes nuevos, de flujo de efectivo, de cobranza, de gastos, de contrataciones, etc.
3. **Ignorar los impuestos:** Sí, los impuestos pueden ser un dolor de cabeza, pero no puedes ignorarlos. Muchas empresas se enfrentan a multas y sanciones simplemente por no planificar sus obligaciones fiscales. Sé proactivo y asesórate con un experto si es necesario.

El papel de la educación financiera

Aquí viene una verdad incómoda: muchos emprendedores no tienen idea de cómo manejar sus finanzas. ¿Por qué? Porque nadie nos enseña estas cosas en la escuela. Pero eso no es excusa para quedarte en la ignorancia. Hoy tienes al alcance recursos, cursos y asesores que pueden ayudarte a entender términos como flujo de efectivo, EBITDA, y rentabilidad. ¿Te suenan complicados? No te preocupes, ¡nadie nace sabiendo! Pero lo importante es estar dispuesto a aprender.

La educación financiera no solo te dará tranquilidad, también te convertirá en un mejor líder. Serás capaz de tomar decisiones más rápidas, de identificar oportunidades y de proteger a tu empresa en tiempos difíciles. Y lo mejor de todo: te dará el control que necesitas para construir un negocio sostenible.

Un caso de éxito: Cuando las finanzas cambian el juego

Conocí un empresario que manejaba un negocio de distribución. Todo parecía ir bien hasta que un día, una gran deuda lo puso contra las cuerdas, nunca llevaba un control real de sus finanzas. Después de esa experiencia, decidió tomar el toro por los cuernos. Contrató a un contador, invirtió en software de gestión financiera y comenzó a revisar sus números cada semana. En menos de un año, no solo salió de la deuda, sino que duplicó sus ingresos. información es poder.

Lo que aprendió, y lo que quiero que tú también aprendas, es que el control financiero no es opcional. Es una herramienta poderosa que puede transformar tu negocio y darte la tranquilidad de saber que estás en el camino correcto.

Consejo personal: Cuando pienses en innovación o nuevos proyectos, asegúrate de que tienes asegurado al cliente, de lo contrario será un camino muy largo. He visto grandes éxitos con productos o servicios de mediano impacto bien manejado y grandes fracasos con productos innovadores mal manejados.

Reflexión final

Las finanzas no son un tema para dejar al azar o para "después," es tu responsabilidad asegurarte de que funcione de manera óptima. Así que, ¿qué vas a hacer hoy para mejorar la salud financiera de tu negocio? Toma el control, aprende, ajusta y, sobre todo, actúa. Mídete y compárate con los mejores. Porque cuando manejas tus finanzas con inteligencia, no solo construyes un negocio sólido, también te das la libertad de soñar en grande y hacerlo realidad. **¡El mundo cuenta contigo!**

9.4 Valores y Cultura Organizacional: El Alma de Tu Empresa.

Los valores y la cultura organizacional son el alma de cualquier empresa. Son el pegamento que une a los equipos, impulsa las decisiones y el filtro que define que se acepta y que no, quién se queda y quién se va. Pero ¿has pensado realmente en los valores de tu negocio? Me refiero en vivirlos organizacionalmente. Si todavía no lo has hecho, ¡hoy es el día para empezar!

Tal vez hasta hoy has podido avanzar usando los valores como slogan político dentro de tu organización, pero ahora si verdaderamente pretendes jugar en las grandes ligas, tienes que vivirlos e impregnar a toda la organización de ellos. No se puede tener un equipo de alto desempeño sin los elementos indispensables.

La cultura organizacional: ¿qué es y cómo se forma?

La cultura organizacional es el conjunto de comportamientos, prácticas y actitudes que predominan en tu empresa. No se trata solo de tener un ambiente agradable; la cultura define la experiencia laboral de tus empleados y el impacto que eso tiene en tus clientes.

Tu cultura se forma a partir de tus valores, si permites que un empleado sea deshonesto sin consecuencias, estás estableciendo un precedente que afectará a toda la organización. Por otro lado, si reconoces y premias la creatividad y el esfuerzo, crearás un ambiente donde las personas se sientan motivadas a dar lo mejor de sí.

Cómo construir una cultura organizacional positiva

1. **Contrata según los valores:** Más allá de las habilidades técnicas, busca personas que compartan los valores de tu empresa. Esto asegura que todos remen en la misma dirección.
2. **Comunica con claridad:** Habla abierta y frecuentemente sobre los valores y la cultura que

quieres construir. La comunicación constante refuerza el mensaje.
3. **Crea rituales y tradiciones:** Algo tan simple como celebrar los cumpleaños de los empleados o tener reuniones semanales de agradecimiento puede fortalecer la cultura.
4. **Sé el ejemplo:** Como líder, eres el principal modelo para seguir. Si no vives los valores que predicas, nadie más lo hará.

Los beneficios de tener una cultura organizacional sólida

Una cultura bien definida tiene beneficios tangibles e intangibles. Entre ellos:

- **Mayor compromiso del equipo:** Las personas quieren trabajar en un lugar donde se sienten valoradas y alineadas con los valores.
- **Mejor retención de talento:** Una buena cultura reduce la rotación de empleados.
- **Clientes más fieles:** La cultura se filtra hacia el exterior. Un equipo motivado y alineado ofrece un mejor servicio, lo que se traduce en clientes más satisfechos.
- **Adaptabilidad al cambio:** Una cultura sólida da a las empresas la flexibilidad para adaptarse a los desafíos.

Reflexión: Los valores y la cultura organizacional son la unión de todo lo que construyes. Si están mal definidos o son ignorados, tu negocio será frágil. Pero si los cultivas con intención y cuidado, se convertirán en tu mayor fortaleza. Así que, empresario, ¿estás listo para construir una empresa con alma? ¡Empieza hoy mismo a vivir tus valores! ¡El mundo cuenta contigo!

9.5 Cuidado del Flujo de Efectivo: La Sangre de tu Negocio.

¿Te ha pasado que tienes muchas ventas, pero al final del mes no sabes a dónde se fue el dinero? Eso, emprendedor, es un problema de flujo de efectivo, y si no lo controlas, puede convertirse en un dolor de cabeza crónico.

Ya hemos hablado del flujo de efectivo, tratare de centrarme en recomendaciones muy prácticas para que optimices tu generación de efectivo, si aprendes a gestionar el flujo de efectivo con inteligencia y disciplina, estarás dando un paso gigantesco hacia la sostenibilidad y el alto desempeño.

- Mentalidad de inversionista: Lo primero es tener claro que ya no compites contigo mismo, compites con todo el resto de las empresas generadoras de riqueza.
- Mentalidad productiva: Esta es una invitación a dejar de hacer cosas porque te laten, o te atraen y asegurar que cada proyecto o decisión impacten favorablemente la utilidad de la empresa.
- Flujo de efectivo: Ser consiente que es importante la utilidad generada, pero más aun la capacidad de generar dinero.
- Entender que el flujo de efectivo mal manejado te puede matar.
- Un punto que siempre te ayudará es un flujo de efectivo a favor, es decir, que el plazo con el que pagas a tus proveedores sea más largo (sin ahorcarlos) que el plazo al que cobras tus ventas.
- ¡Si no sabes para donde vas, pues ya llegaste! Los presupuestos básicos tanto de ingresos como de egresos son los que nos ayudarán a medir y corregir. Al final del camino una empresa es entradas y salidas de dinero. Si no funciona como esperabas ¿cómo podrás identificar en que área hay que mejorar si no tienes presupuestos que te guíen y permitan comparar lo real con lo deseable?

- Ojo con los pequeños gastos fuera de control, un pequeño gasto tiene solo un pequeño impacto en tu resultado, pero el conjunto de pequeños gastos, si se descuidan, pueden llegar a golpear duro al resultado.
- Si ves mucho dinero en la cuenta, antes de gastarlo en otras cosas, revisa los compromisos que tienes por delante.
- Siempre tener un "guardado para emergencias" y si eres muy ordenado, otro para oportunidades de inversión que se puedan presentar.
- Apalancarse con créditos externos es un recurso excelente si lo haces conscientemente con un plan que lo justifique y de acuerdo con las proporciones recomendables.

El impacto del flujo de efectivo en la toma de decisiones

Tener un flujo de efectivo saludable te permite tomar decisiones estratégicas sin el estrés de estar al borde del colapso. Puedes aprovechar oportunidades, como invertir en nuevos proyectos o expandir tu mercado, sin miedo a quedarte sin liquidez. *Es diferente decidir y/o negociar con dinero en la cuenta.

Reflexión: Cuidar el flujo de efectivo puede ser incómodo al principio porque implica mirar tus finanzas de frente, pero confía, vale la pena. Así que, emprendedor, empieza hoy mismo. Revisa tus números, ajusta tus gastos y prioriza tu liquidez. **Tu negocio es una máquina, y el flujo de efectivo es el combustible que lo mantiene en marcha. No lo descuides. ¡Tú puedes hacerlo!** ¡El mundo cuenta contigo!

9.6 El Reto de la Sucesión: Asegurar el Futuro de Tu Empresa.

Definamos algunos conceptos clave:

- Consejo de administración: Es la mayor autoridad en la empresa, jefe del director general, se compone generalmente de los socios, algunos asesores externos y ocasionalmente del director general. Es común que la presidencia la maneje el socio mayoritario. En empresas públicas (que cotizan en bolsa de valores) y tienen muchos socios, es común que se hagan bloques de socios para juntar un porcentaje mínimo para tener una silla en el consejo.
- Director(a) general: Es quien se encarga de toda la operación, le reporta al consejo, a su vez el consejo le indica objetivos, lo audita y, comúnmente lo auxilia en algún lado débil que pudiera tener.
- Órgano directivo: Son todos los empleados de alto nivel que forman el equipo principal del director(a) y tienen injerencia en el resultado de las operaciones.
- Base: Es el resto del equipo que ejecuta la operación.

En esta sección analizaremos como puede el empresario ceder la operación de su negocio con éxito. No solo en el tema de prepararse para la jubilación o muerte, o prever una muerte prematura sino, más bien, cuando decide profesionalizarlo y apoyar desde el consejo de administración y/o dedicarse a creación de nuevos proyectos.

Nadie es Eterno

Empecemos con la verdad incómoda: tarde o temprano, dejarás de estar al mando. Puede ser por conveniencia o por cualquier otra causa. Muchas empresas exitosas han desaparecido no porque no fueran rentables, sino porque su fundador nunca pensó en el "después". Dejar la sucesión al azar es una receta para el desastre.

Pregúntate ahora mismo:

- ¿Qué pasaría si mañana ya no puedes dirigir tu empresa?
- ¿Quién tomaría las riendas?
- ¿Quién tomará el control de la operación si yo decido emprender por separado?

No es Retiro, es Evolución

Uno de los mitos más peligrosos sobre la sucesión es creer que es sinónimo de retiro. ¡Falso! Planear la sucesión no significa que dejas de ser relevante, sino que evolucionas a un rol más estratégico.

Tu empresa puede seguir creciendo **sin depender de ti en el día a día**, y eso es un verdadero logro. Incluso más y mejor. Un empresario inteligente se enfoca en crear un sistema que funcione con o sin él.

Ahora bien, ¿a quién dejarle el negocio? Aquí tienes tres opciones principales:

- **Heredar a la familia:** Si tienes hijos o familiares involucrados, pueden ser la opción natural, pero no siempre la mejor. Deben demostrar capacidad.
- **Delegar en un socio:** Si tienes un socio de confianza, puede ser la mejor manera de garantizar estabilidad.
- Delegar a un directivo: Incluir con tiempo en el equipo directivo a quien te pueda cubrir, puede ser la mejor opción incluso de llevar la empresa al siguiente nivel.
- **Vender la empresa:** Si sientes que es momento de soltar completamente, vender puede ser una estrategia válida para asegurar que la empresa siga sin ti.

Proceso para Preparar al Siguiente

Elegir un sucesor es solo el inicio, ahora viene la parte difícil: Prepararlo para el reto.

- **Identificación de Candidatos:** ¿quién tiene el perfil ideal? No elijas por cariño o compromiso, sino por capacidad.
- **Mentoría y Capacitación:** No puedes soltar la empresa sin antes formar a la siguiente generación.
- **Pruebas de Fuego:** Pon a tu sucesor en situaciones reales de liderazgo y observa su reacción.
- **Plan de Transición:** Define fechas clave para ir soltando responsabilidades poco a poco.

Protocolos esenciales para la sucesión:

- Plan de sucesión documentado.
- Normas claras sobre el traspaso de poder.
- Acuerdos legales para evitar conflictos.
- Consejo asesor para supervisar el proceso.

Errores Comunes

No te equivoques, **la sucesión es donde muchas empresas mueren.** Evita estos errores:

- **No prepararla a tiempo** y dejarlo como una "decisión de emergencia".
- **Elegir a la persona equivocada** por cariño y no por capacidad.
- **No soltar el control**, frenando el crecimiento del sucesor.
- **No documentar nada** y dejar un vacío de poder.
- **Creer que la empresa es inmortal** sin liderazgo sólido.

No caigas en estos errores. La continuidad de tu empresa está en juego.

Reflexión: Un verdadero empresario no solo construye, sino que deja un legado duradero. Si realmente amas lo que has creado, asegúrate de que sobreviva más allá de ti. Imagina tu empresa dentro de 20 años. ¿Está creciendo y transformando vidas? ¿O desapareció porque nunca preparaste la sucesión?

No esperes a que sea demasiado tarde. Empieza hoy a diseñar el futuro de tu empresa sin ti. Tarea (si estas en el momento adecuado): escribe el nombre de tres posibles sucesores y un plan para capacitarlos en los próximos meses. ¡El futuro empieza ahora!

9.7 FODA: La Herramienta Clave para el Autoconocimiento Empresarial.

¿Ya superaste la etapa de microempresa? Aquí es donde entra en juego el FODA, una de las herramientas más poderosas y sencillas que puedes utilizar para darle dirección a tu negocio. Análisis FODA: fortalezas, Oportunidades, Debilidades y Amenazas. Suena básico, ¿verdad? Pero cuando lo usas correctamente, tiene el potencial de transformar tu perspectiva y tus decisiones.

¿Qué es el FODA y por qué es indispensable?

El FODA es como un espejo para tu negocio. Te ayuda a ver con claridad lo que haces bien, lo que necesitas mejorar, las oportunidades que podrías aprovechar y los riesgos que debes enfrentar. No es solo un ejercicio bonito para escribir y olvidar. Es una herramienta estratégica que te da un mapa de acción.

Paso 1: Identificar tus fortalezas

Las fortalezas son esas cosas que haces mejor que otros, tus ventajas competitivas.

- Un equipo altamente capacitado.
- Procesos eficientes que te hacen más rápido y rentable.
- Una relación sólida con tus clientes.

- Etc., etc., etc.

Pregúntate: ¿qué es lo que hace que tus clientes te elijan a ti y no a la competencia? Si no tienes una respuesta clara, es hora de descubrirla. Tus fortalezas no solo son tu escudo; también son tu espada. ¡Úsalas para destacar! No te límites.

¡Si no sabes porque tienes éxito, un día lo dejarás de tener y no sabrás por qué!

Paso 2: Conocer tus debilidades

No tengas miedo de reconocer tus fallas. Todos los negocios las tienen. El problema no es tenerlas, sino ignorarlas.

Las debilidades son esas cosas que no haces mejor que otros, tus debilidades competitivas.

- Falta de capacitación en áreas clave.
- Demasiada dependencia de un solo cliente o proveedor.
- Problemas de flujo de efectivo (¿recuerdas la sección anterior?).
- Etc., etc., etc.

Una debilidad no te define, pero ignorarla sí puede hundirte. Aquí está la clave: convertir tus debilidades en áreas de mejora.

Paso 3: Detectar las oportunidades

Las oportunidades son esas ventanas abiertas que, no necesariamente tu abriste. si las aprovechas, pueden llevarte al siguiente nivel. Son externas, no las puedes controlar, pero si aprovecharlas.

- Un mercado emergente que nadie está atendiendo.

- Avances tecnológicos que puedes implementar antes que tu competencia.
- Cambios en las tendencias de consumo que favorecen tu producto.
- Cambios de tipo de cambio de moneda que te ayudan.
- Etc., etc., etc.

La pregunta mágica aquí es: ¿qué cosas externas puedes aprovechar para crecer? La clave es actuar antes de que otros lo hagan.

Paso 4: Prever las amenazas

Esto puede ser incómodo, pero ignorar las amenazas no las hace desaparecer. De hecho, es lo contrario: enfrentarlas de frente te da ventaja.

- Competencia agresiva.
- Cambios legislativos que afectan tu industria.
- Fluctuaciones económicas.
- Etc., etc., etc.

La diferencia entre una empresa que sobrevive y otra que fracasa radica en su capacidad para anticiparse y adaptarse. ¿Qué estás haciendo para blindar tu negocio?

Cómo implementar un análisis FODA práctico

Ahora que entiendes cada parte, es momento de aplicarlo de manera práctica:

- **Reúne a tu equipo:** Un FODA no se hace en solitario. Necesitas la perspectiva de diferentes áreas y personas.
- **Sé brutalmente honesto:** Este no es el momento para endulzar las cosas. Identifica tus fortalezas y debilidades con claridad.

- **Ordena tus prioridades:** No intentes abordar todo al mismo tiempo. Identifica las áreas críticas y enfócate en ellas.
- **Haz un plan de acción:** Cada fortaleza debe ser explotada, cada debilidad corregida, cada oportunidad aprovechada y cada amenaza controlada.

El FODA en acción: Una historia real

Una emprendedora que dirigía una tienda de productos orgánicos. Claudia decidió hacer un FODA con su equipo. Descubrieron que su mayor fortaleza era la relación cercana con sus clientes y su debilidad era la falta de un sistema eficiente de inventarios. Identificaron como oportunidad la creciente demanda de productos saludables y como amenaza la apertura de una cadena grande en su área.

Ella invirtió en un sistema de inventarios sencillo pero efectivo, reforzó su marketing destacando la conexión humana que ofrecía y diversificó su oferta para cubrir más necesidades. Hoy, su negocio sigue prosperando a pesar de la competencia.

Por qué el FODA debería ser parte de tu rutina

El análisis FODA no es algo que haces una vez y olvidas. Es una herramienta viva que deberías revisar al menos una vez al año. Los negocios están en constante cambio, y lo que hoy es una fortaleza mañana podría no serlo.

Conclusión del capítulo:

Lo que vimos en este capítulo es oro puro, aunque habrá miles de cosas adicionales que cuidar, como empresario te aseguro que, poniendo en práctica al menos los puntos mencionados tendrás una EMPRESA GRANDIOSA que será un lugar agradable y retador para todo tu equipo, un ente generador de riqueza y desarrollo para todos.

Adicionalmente te permitirá dejar un legado de impacto en la sociedad, tener prosperidad, paz financiera y suficiente tiempo libre para lo que tu decidas. Te dará la mentalidad clara que necesita todo empresario para proyectar su futuro de manera clara y ordenada. Así como la conciencia de los riesgos que se corren al descuidar puntos clave en la empresa.

Todo lo que has leído aquí es mucho más que teoría. Es un llamado a la acción, una invitación para que tomes las riendas de tu negocio con un enfoque renovado. ¡Deja de pensar que es suficiente sobrevivir mes a mes! Es hora de soñar en grande, pero con los pies firmes en la tierra. Emprendedor, no estás aquí para quedarte atrás. El mundo cuenta contigo. Toma lo aprendido y aplícalo sin miedo. ¡Porque el futuro de tu empresa empieza hoy mismo, con cada decisión que tomas! ¿Qué esperas para poner todo en marcha? **¡Hazlo y cuéntame cómo cambió tu vida!**

Puedes subir tu testimonio a www.llamadoalexito.com

DESPIERTA, es tu turno de cambiar al mundo. www.llamadoaléxito.com

CAPITULO 10: TU GRAN LEGADO.

Introducción:

Estaba viendo por la ventana de mi nueva y lujosa oficina en el segundo piso de un área recién construida de mi empresa principal. Siendo que la vista era hacia el estacionamiento frontal, observaba el tipo de vehículos que había, que colores tenían, pensaba, recientemente inauguramos este lugar y ya está casi lleno, pronto tendremos que buscar más espacio.

Eran las 11:00am, había terminado con los pendientes del día y no tenía más cosas que hacer. Algo hice bien, reflexionaba, he podido llevar esta empresa a un buen nivel de ingresos y rentabilidad, he logrado preparar a mi sucesor durante dos años, pudiera ausentarme por un periodo prolongado y aquí todo funcionaría incluso mejor que estando yo aquí.

¡Pero rayos #$%&*! ¿Ahora que voy a hacer? No tengo edad para jubilarme y ¡Por Dios! Ni pensarlo, ni siquiera quiero hacerlo. Yo pienso retirarme del emprendimiento el día que me encierren en una de esas cajitas de madera con flores encima. ¡Ya se! Voy a ayudar a otros empresarios a llegar al éxito, y este libro muy apreciable lector, como primer paso, es precisamente una memoria de mi filosofía y experiencias que, con AMOR y como agradecimiento a Dios, escribo para devolverle a la vida algo de lo que me ha dado.

Tú lo que menos debes hacer es limitarte, quedarte donde estás, piensa en grande, actúa, tumba barreras, sal de ti mismo, rompe paradigmas, piensa en tu equipo, en tu comunidad, ¡EN EL MUNDO!

Si ocupas apoyo adicional te espero en www.llamadoalexito.com

10.1 El Gran Legado del Empresario.

Te lo digo claro: Tu legado no se trata solo de las ganancias, de los bienes materiales o de cuántos reconocimientos tienes colgados en la pared de tu oficina. Se trata de algo mucho más poderoso, algo que trasciende: El impacto que dejas en las vidas de las personas. **Tu legado es la huella que dejarás en este mundo.**

Imagina por un momento cómo sería recordar a un empresario que no solo construyó un negocio rentable, sino que inspiró a otros, transformó vidas y dejó una marca imborrable. Hoy no estamos hablando de manejar un negocio; estamos hablando de crear un propósito. ¡Y esa, mi querido emprendedor, es tu misión más grande!

Cuando iniciaste tu negocio, seguramente lo hiciste con un sueño en mente. Quizás querías ser tu propio jefe, darle un futuro mejor a tu familia o simplemente hacer algo que te apasionara. Pero ahora que estás aquí, es momento de pensar más allá. ¿Qué impacto estás dejando en el mundo?

Dejar un legado significa construir algo que perdure, algo que inspire incluso cuando ya no estés al mando. No se trata de cuántos productos vendiste o cuántas cifras alcanzaste en tu cuenta bancaria. Se trata de las vidas que tocaste, tus empleados, tus clientes, tu comunidad. ¿Cómo los estás transformando?

El Propósito como pilar del Legado

Un legado comienza con una visión clara. Y no hablo de esos discursos vacíos que encontramos en las páginas de "misión y visión" de tantas empresas. No, hablo de una visión que te haga levantarte cada mañana con energía, que haga que tus ojos brillen cuando hablas de tu negocio. Esa visión debe ser tan poderosa que inspire a otros a unirse a tu causa.

Si tu negocio desapareciera mañana, ¿qué perdería el mundo? ¿Qué recordarían tus clientes y empleados de ti?

He conocido empresarios que, cuando les preguntas por qué hacen lo que hacen, no tienen una respuesta clara. ¿Cómo puedes liderar si no sabes hacia dónde vas? Es tu responsabilidad definir esa visión y asegurarte de que todos en tu equipo la compartan.

Impactar a Través de las Personas

Aquí está el verdadero secreto del legado: se construye a través de las personas. Tus empleados no son solo recursos, son las piezas clave de tu legado. Cada oportunidad que les das de crecer, cada vez que los inspiras a ser mejores, estás construyendo algo que va más allá de ti mismo. Recuerda: el éxito compartido siempre será más grande que el éxito individual.

Haz una pausa por un momento y pregúntate:

- ¿Estoy empoderando a mi equipo para que sean mejores profesionales y personas?
- ¿Estoy creando un entorno donde puedan brillar, donde se sientan valorados y motivados?

Si la respuesta no es un "sí" contundente, es momento de trabajar en ello. Porque al final del día, el verdadero impacto de un líder no se mide en lo que logra solo, sino en lo que logra a través de su gente.

Liderar con el Corazón.

Liderar para dejar un legado no es fácil. Requiere valentía, visión y, sobre todo, corazón. Es entender que tu negocio no es solo una máquina para generar ingresos, sino un vehículo para el cambio. Es tomar decisiones difíciles pensando en el futuro, no solo en los beneficios inmediatos.

Hacer esto significa:

- **Tomar riesgos calculados:** No se puede innovar sin salir de la zona de confort. Atrévete a pensar diferente.
- **Poner a las personas primero:** Los números son importantes, sí, pero las personas son el motor que los hace posibles.
- **Invertir en tu comunidad:** Un verdadero legado no solo transforma a quienes están dentro de tu negocio, sino también a quienes están fuera.

Dejar Huella en la Comunidad

¿Sabías que las empresas que tienen un impacto social positivo tienden a ser más sostenibles? No es coincidencia. Cuando te preocupas por tu comunidad, esta responde con lealtad y apoyo. Pero más allá del beneficio económico, está el impacto humano.

Organiza iniciativas que beneficien a quienes te rodean. Desde programas de capacitación hasta proyectos sociales, cada acción cuenta. Tu legado no es solo lo que haces dentro de tus paredes, sino lo que haces fuera de ellas.

El Legado se construye desde ahora

Uno de los mayores errores que cometen los empresarios es pensar que el legado es algo que se construye al final del camino. Pero el legado no es un destino, es un proceso que empieza desde el primer día, cada decisión, cada acción que tomas, contribuye a esa gran visión.

¿Sabes qué es lo más emocionante? Que tú tienes el poder de decidir cómo será recordado tu negocio, tu liderazgo y tu impacto. Hoy, no mañana, es el día perfecto para empezar a construir tu legado.

El mejor momento para plantar un árbol fue hace 20 años. ¡Pero el segundo mejor momento es hoy!

El Mundo Cuenta Contigo

He repetido esta frase múltiples veces a lo largo este libro, pero es que es cierto, créela verdaderamente. Este capítulo no es un cierre, es una invitación. Una invitación a pensar más allá de los balances y los objetivos anuales. Es una llamada a liderar con propósito, a impactar vidas y a construir algo que trascienda.

El mundo necesita empresarios como tú. Necesita líderes que no solo busquen el éxito, sino que lo compartan. Que no solo crezcan, sino que eleven a los demás. ¿Qué esperas para empezar? Tu legado no puede esperar más. ¡Es hora de actuar!

10.2 La Dimensión del Éxito.

¿Qué significa realmente tener éxito? Seguro que te lo has preguntado muchas veces. Tal vez has pensado en cifras de ventas, en abrir más sucursales, o en convertirte en una figura reconocida dentro de tu industria. Pero déjame decirte algo: el éxito no se mide solo por lo que logras; también se mide por cómo lo logras y cómo lo vives. El éxito es multidimensional, y hoy quiero invitarte a expandir tu perspectiva.

Cuando hablamos de éxito, lo primero que suele venir a la mente es el dinero. Y claro, no vamos a mentirnos, ganar bien es importante. Te permite vivir con comodidad, invertir en tu negocio y darle seguridad a tu familia. Pero si el dinero fuera la única medida del éxito, ¿por qué hay tantas personas con grandes fortunas que no se sienten plenas?

El verdadero éxito incluye más que dinero. Se trata de tener un equilibrio entre tus finanzas, tu bienestar personal, tus relaciones y tu contribución al mundo. Así que te pregunto:

Lo primero y más importante en este punto es empezar por ti ¿eres feliz? ¿Disfrutas lo que haces? O acaso la lucha contra tus objetivos empresariales te tienen cansado(a), estresado(a), enfermo(a), malhumorado(a) por qué; si es así; ¿qué caso tiene tanto acelere? Vender todo tu presente para una posibilidad en el futuro. No me refiero a limitar el esfuerzo o la energía para tu proyecto, me refiero a hacerlo con responsabilidad, amor y respeto a ti mismo.

¡Cuídate! Mucho lo puedes resolver con un buen equipo y delegando correctamente, reconoce que no eres bueno para todo, de las áreas más importantes de la compañía, en algunas eres magnífico, con poco desgaste logras resultados sorprendentes, pero en las áreas en donde eres débil, el desgaste es alto y muchas veces con resultados solamente medianos, ahí es en donde debes reforzarte con un buen equipo y pues; ya lo sabes; haz ejercicio, duerme bien y ríe mucho.

En este punto es muy importante que te apliques un pequeño test llamado "Test La Rueda De La Vida" muy sencillo y gratuito. Te mostrara las áreas personales que necesitas reforzar. Lo encontraras en www.apps.webage.ro

Lo segundo tiene que ver con tus seres queridos, no tomes tiempo de tu pareja, de tus hijos, de tus padres para la empresa. La empresa se puede volver exigente desmedida de tu tiempo. He visto como muchos hijos (hijas) al crecer, no quieren saber nada de la empresa, es la rival que les quitó a su padre o madre "Con la excusa de que no les faltara nada" he presenciado relaciones muy emproblemadas que nunca se llegan a recuperar.

¿Qué hice yo? Tengo 5 hijos, yo acostumbro a hacer mi agenda marcando mis pendientes con su nivel de importancia y su nivel de urgencia, todo el tiempo y actividades que para mí son importantes y suficientes relacionadas con mi esposa, mis hijos, mi madre, las incluyo y las marco con suficiente nivel de importancia y urgencia, convivir con todos, convivir con cada uno, salir con mi esposa, visitar a mi madre, llamar a mi madre (todos los días) todo esta agendado y acordado con ellos.

Nunca me perdí un evento importante, en mí no aplica eso de ¿a qué hora crecieron? Porque yo estuve ahí, y es ¡MUY, MUY SATISFACTORIO! Mi éxito los beneficia a ellos en todos los sentidos, no solo el económico. Y si yo pude con esposa, 5 hijos y 3 perros tú también de seguro podrás.

Lo tercero tu equipo de trabajo y tu empresa misma. Has escuchado eso de "Empresario rico, empresa pobre," ¡Huy! Como he visto casos así, ver al empresario con lujos, una enorme casa, etc. (Que no es malo) pero, ver a su equipo y a su empresa mal capacitados, sin buena presentación, batallando con los pagos, sin desarrollo, desmotivados es como no reconocer que el éxito lo generaron ellos.

Lo cuarto, tus clientes, esto viene mucho de tu oferta de valor, sin embargo, en este punto te invito a que te preguntes, ¿qué de bueno dejo a mis clientes? ¿Qué tan beneficiados son de comprarle a mi empresa? ¿Somos una bendición para su vida? o ¿somos su opción forzada?

Lo quinto, mi comunidad, para empezar ¿qué le dejo a mis proveedores? A mis vecinos, a mi región, a mi país.

¿Qué le dejo al mundo?

Recuerda, un negocio exitoso no solo genera ingresos; también genera satisfacción, orgullo, bienestar, desarrollo, valores, etc.

Éxito Social: Ser un Agente de Cambio

Se trata de usar tus logros para mejorar la vida de otros y generar un impacto positivo en tu entorno. Aquí es donde tu papel como empresario se convierte en algo mucho más grande: **En una fuerza de cambio.**

Hazte esta pregunta: ¿cómo puedo contribuir más allá de mi negocio?

- Puedes apoyar causas sociales, desde programas educativos hasta iniciativas ambientales.
- Puedes convertirte en mentor para otros emprendedores, compartiendo tu experiencia y ayudándolos a crecer.
- Incluso algo tan simple como tratar a tus empleados con respeto y brindarles oportunidades de desarrollo puede marcar una gran diferencia.

Cuando enfocas tu éxito en servir a los demás, el impacto se multiplica. Y lo mejor de todo es que ese impacto te devuelve una satisfacción inmensa.

El éxito como un viaje, no un Destino

Una de las mayores trampas del éxito es creer que es un destino final. Pensamos: "cuando logre X, entonces seré feliz." Pero la realidad es que el éxito es un viaje continuo, lleno de retos, aprendizajes y transformaciones. No se trata de llegar, se trata de avanzar.

Celebra tus logros, pero no te quedes ahí. Cada meta alcanzada es una oportunidad para plantearte nuevas preguntas:

- ¿Qué sigue?
- ¿Cómo puedo mejorar?
- ¿A quién puedo ayudar ahora?

El éxito no tiene límites. Si aprendes a disfrutar el camino, cada paso será significativo.

Cuando tu éxito está alineado con tu propósito, se vuelve auténtico, poderoso y transformador. Y lo mejor de todo es que inspira a otros a seguir tus pasos.

Reflexión: Redefiniendo el éxito. El éxito no es una fórmula universal; es algo que cada uno define según sus propios valores y prioridades. Pero hay algo que todos los empresarios exitosos comparten: una visión clara, un propósito firme y el deseo de dejar una huella positiva.

Hoy te invito a redefinir lo que el éxito significa para ti. No te limites a lo superficial; busca la dimensión total. Porque cuando logras integrar lo profesional, lo personal y lo social, estás construyendo un éxito que realmente importa.

El mundo necesita empresarios como tú. Empresarios que no solo sueñen en grande, sino que actúen en grande. Que no solo alcancen metas, sino que transformen vidas. ¿Estás listo para llevar tu éxito al siguiente nivel? ¡Es hora de hacerlo realidad!

Hemos hablado de tu pasión, de tu oferta de valor, de pensar en grande, pero solo hasta ahora, después de ver todo lo que hemos visto, podemos hacer el ejercicio de definir tu **"Misión Visión y Valores;"** Cuando algún asesor nos dice, vamos a trabajar en la definición de tu misión, visión y valores, lo primero que pensamos es probablemente: ¡Ohhh! Ya se fue por las ramas, en vez de irse a la raíz, yo lo que quiero es ir directo a mi problema con las ventas, con la productividad. No vemos la magnitud o el ¿por qué? Es necesario definirlas con seriedad.

Ahora, a esta altura espero que estés muy consciente de la importancia de definir tu misión, tu visión, tus valores de tu empresa y verlos como lo que son: **¡Los Cimientos De Tu Legado!**

Misión: ¿Por qué existes? ¿Cuál es tu razón de vivir? ¿Qué problema resuelves? ¿Cómo? ¿A quién?

Visión: ¿Cómo proyectas tu negocio? ¿Dónde estarás dentro de 5 años? ¿Qué territorio cubrirás? ¿Qué soluciones ofrecerás? Etc.

Valores: De esto hemos hablado antes, pero tal vez después de todo lo aprendido quieras hacer algún ajuste. ¿Cuál es su filosofía? ¿Qué valores son importantes para cumplir su misión? ¿Contra que lucha? ¿A favor de que lucha?

Te recomiendo que seas suficientemente basto en tu ejercicio y después crea un resumen en donde puedas mostrar de manera fácil (en 3 párrafos cortos) tu misión, visión y valores **¡Con mucha potencia!**

10.3 ¡Se Vale Soñar!

¿Recuerdas cómo empezó todo? Esa idea loca, ese momento de inspiración que encendió una chispa en ti. Tal vez fue un sueño en medio de la rutina, o quizás una necesidad urgente que nadie más estaba resolviendo. Sea como sea, todo comenzó con un sueño.

Y aquí estás ahora, más fuerte, más sabio y decidido. Pero déjame decirte algo importante: ¡Todavía queda mucho por hacer! Este capítulo no es el final de tu viaje, sino un nuevo comienzo. Y hoy quiero que recuerdes algo: **Se vale soñar.**

Los sueños que mueven al mundo en los inventores, los líderes, los visionarios. Todos ellos comenzaron con una visión que parecía imposible. Y tú, emprendedor, no eres diferente. Si has llegado hasta aquí, es porque has aprendido a transformar sueños en acción, y esa es una habilidad poderosa.

Pero aquí viene la pregunta: **¿estás soñando lo suficientemente en grande?**
A veces, nos limitamos porque el miedo nos susurra: "no puedes," Pero la verdad es que sí puedes, y debes atreverte a soñar en grande, porque los sueños pequeños no inspiran, no desafían, no transforman. ¡Los grandes sí!

Un Legado que Trasciende

Ahora quiero que reflexiones por un momento e imagines esto:

- ¿Qué legado quieres dejar?
- ¿Cómo quieres que te recuerden tus empleados, tus clientes, tu familia y tu comunidad?

Tu negocio no es solo un medio para generar ingresos, es una plataforma para impactar vidas. Piensa en los empleos que has creado, en los problemas que has resuelto, en las oportunidades que has generado. **Eso es legado.**

Pero un legado no se construye de la noche a la mañana, requiere compromiso, visión y, sobre todo, acción. Así que hoy te invito a pensar: **¿qué pasos puedes dar para que tu legado sea aún más grande y significativo?**

Soñar por soñar no tiene sentido; lo que realmente importa es soñar con propósito. Esos sueños que te levantan por la mañana con ganas de comerte el mundo. Esos que, aunque te asusten, también te emocionan.

Recuerdo cuando soñé con escribir este libro, había dudas, miedos, y sí, un montón de excusas. Pero había algo más fuerte que todo eso: **Mi propósito.** Mi deseo de compartir lo que he aprendido y de inspirar a personas como tú a transformar su vida y su negocio. Y aquí estamos, demostrando que los sueños con propósito son imparables.

El futuro es incierto, y eso es algo que todos sabemos. Pero en vez de verlo como un problema, ¿por qué no verlo como una oportunidad? Cada día que pasa, tienes una nueva hoja en blanco para escribir la historia de tu éxito.

El miedo al fracaso es natural, pero no permitas que te paralice. **Recuerda: el fracaso no es el final, es un**

maestro. Y cada vez que caes, tienes la oportunidad de levantarte más fuerte.

Un Último Consejo: Nunca Dejes de Soñar

Al final del día, lo único que realmente importa es que sigas soñando. Porque los sueños son la brújula que te guía hacia lo extraordinario. Y, emprendedor, tú no estás aquí para vivir una vida común. ¡Estás aquí para hacer historia!

Así que te dejo con este desafío: **Sueña más grande, actúa más rápido, y nunca te rindas.** Y espero que esta frase que repetimos y repetimos durante todo el libro, ahora realmente tenga sentido para ti: **"El mundo cuenta contigo,"** y estoy seguro de que lo mejor aún está por venir.

Si ocupas apoyo adicional te espero en www.llamadoalexito.com

¡BENDICIONES ABUNDANTES!

www.ingramcontent.com/pod-product-compliance
Lightning Source LLC
Chambersburg PA
CBHW020650230426
43665CB00008B/374